FINNISH
VOCABULARY

ENGLISH-
FINNISH

The most useful words
To expand your lexicon and sharpen
your language skills

3000 words

Finnish vocabulary for English speakers - 3000 words

By Andrey Taranov

T&P Books vocabularies are intended for helping you learn, memorize and review foreign words. The dictionary is divided into themes, covering all major spheres of everyday activities, business, science, culture, etc.

The process of learning words using T&P Books' theme-based dictionaries gives you the following advantages:

- Correctly grouped source information predetermines success at subsequent stages of word memorization
- Availability of words derived from the same root allowing memorization of word units (rather than separate words)
- Small units of words facilitate the process of establishing associative links needed for consolidation of vocabulary
- Level of language knowledge can be estimated by the number of learned words

T&P Books Publishing
www.tpbooks.com

ISBN: 978-1-78071-834-7

This book is also available in E-book formats.
Please visit www.tpbooks.com or the major online bookstores.

FINNISH VOCABULARY
for English speakers

T&P Books vocabularies are intended to help you learn, memorize, and review foreign words. The vocabulary contains over 3000 commonly used words arranged thematically.

- Vocabulary contains the most commonly used words
- Recommended as an addition to any language course
- Meets the needs of beginners and advanced learners of foreign languages
- Convenient for daily use, revision sessions, and self-testing activities
- Allows you to assess your vocabulary

Special features of the vocabulary

- Words are organized according to their meaning, not alphabetically
- Words are presented in three columns to facilitate the reviewing and self-testing processes
- Words in groups are divided into small blocks to facilitate the learning process
- The vocabulary offers a convenient and simple transcription of each foreign word

The vocabulary has 101 topics including:

Basic Concepts, Numbers, Colors, Months, Seasons, Units of Measurement, Clothing & Accessories, Food & Nutrition, Restaurant, Family Members, Relatives, Character, Feelings, Emotions, Diseases, City, Town, Sightseeing, Shopping, Money, House, Home, Office, Working in the Office, Import & Export, Marketing, Job Search, Sports, Education, Computer, Internet, Tools, Nature, Countries, Nationalities and more ...

T&P BOOKS' THEME-BASED DICTIONARIES

The Correct System for Memorizing Foreign Words

Acquiring vocabulary is one of the most important elements of learning a foreign language, because words allow us to express our thoughts, ask questions, and provide answers. An inadequate vocabulary can impede communication with a foreigner and make it difficult to understand a book or movie well.

The pace of activity in all spheres of modern life, including the learning of modern languages, has increased. Today, we need to memorize large amounts of information (grammar rules, foreign words, etc.) within a short period. However, this does not need to be difficult. All you need to do is to choose the right training materials, learn a few special techniques, and develop your individual training system.

Having a system is critical to the process of language learning. Many people fail to succeed in this regard; they cannot master a foreign language because they fail to follow a system comprised of selecting materials, organizing lessons, arranging new words to be learned, and so on. The lack of a system causes confusion and eventually, lowers self-confidence.

T&P Books' theme-based dictionaries can be included in the list of elements needed for creating an effective system for learning foreign words. These dictionaries were specially developed for learning purposes and are meant to help students effectively memorize words and expand their vocabulary.

Generally speaking, the process of learning words consists of three main elements:

- Reception (creation or acquisition) of a training material, such as a word list
- Work aimed at memorizing new words
- Work aimed at reviewing the learned words, such as self-testing

All three elements are equally important since they determine the quality of work and the final result. All three processes require certain skills and a well-thought-out approach.

New words are often encountered quite randomly when learning a foreign language and it may be difficult to include them all in a unified list. As a result, these words remain written on scraps of paper, in book margins, textbooks, and so on. In order to systematize such words, we have to create and continually update a "book of new words." A paper notebook, a netbook, or a tablet PC can be used for these purposes.

This "book of new words" will be your personal, unique list of words. However, it will only contain the words that you came across during the learning process. For example, you might have written down the words "Sunday," "Tuesday," and "Friday." However, there are additional words for days of the week, for example, "Saturday," that are missing, and your list of words would be incomplete. Using a theme dictionary, in addition to the "book of new words," is a reasonable solution to this problem.

The theme-based dictionary may serve as the basis for expanding your vocabulary.

It will be your big "book of new words" containing the most frequently used words of a foreign language already included. There are quite a few theme-based dictionaries available, and you should ensure that you make the right choice in order to get the maximum benefit from your purchase.

Therefore, we suggest using theme-based dictionaries from T&P Books Publishing as an aid to learning foreign words. Our books are specially developed for effective use in the sphere of vocabulary systematization, expansion and review.

Theme-based dictionaries are not a magical solution to learning new words. However, they can serve as your main database to aid foreign-language acquisition. Apart from theme dictionaries, you can have copybooks for writing down new words, flash cards, glossaries for various texts, as well as other resources; however, a good theme dictionary will always remain your primary collection of words.

T&P Books' theme-based dictionaries are specialty books that contain the most frequently used words in a language.

The main characteristic of such dictionaries is the division of words into themes. For example, the *City* theme contains the words "street," "crossroads," "square," "fountain," and so on. The *Talking* theme might contain words like "to talk," "to ask," "question," and "answer".

All the words in a theme are divided into smaller units, each comprising 3–5 words. Such an arrangement improves the perception of words and makes the learning process less tiresome. Each unit contains a selection of words with similar meanings or identical roots. This allows you to learn words in small groups and establish other associative links that have a positive effect on memorization.

The words on each page are placed in three columns: a word in your native language, its translation, and its transcription. Such positioning allows for the use of techniques for effective memorization. After closing the translation column, you can flip through and review foreign words, and vice versa. "This is an easy and convenient method of review – one that we recommend you do often."

Our theme-based dictionaries contain transcriptions for all the foreign words. Unfortunately, none of the existing transcriptions are able to convey the exact nuances of foreign pronunciation. That is why we recommend using the transcriptions only as a supplementary learning aid. Correct pronunciation can only be acquired with the help of sound. Therefore our collection includes audio theme-based dictionaries.

The process of learning words using T&P Books' theme-based dictionaries gives you the following advantages:

* You have correctly grouped source information, which predetermines your success at subsequent stages of word memorization
* Availability of words derived from the same root (lazy, lazily, lazybones), allowing you to memorize word units instead of separate words
* Small units of words facilitate the process of establishing associative links needed for consolidation of vocabulary
* You can estimate the number of learned words and hence your level of language knowledge
* The dictionary allows for the creation of an effective and high-quality revision process
* You can revise certain themes several times, modifying the revision methods and techniques
* Audio versions of the dictionaries help you to work out the pronunciation of words and develop your skills of auditory word perception

The T&P Books' theme-based dictionaries are offered in several variants differing in the number of words: 1.500, 3.000, 5.000, 7.000, and 9.000 words. There are also dictionaries containing 15,000 words for some language combinations. Your choice of dictionary will depend on your knowledge level and goals.

We sincerely believe that our dictionaries will become your trusty assistant in learning foreign languages and will allow you to easily acquire the necessary vocabulary.

TABLE OF CONTENTS

PRONUNCIATION GUIDE

Letter	Finnish example	T&P phonetic alphabet	English example
A a	Avara	[ɑ]	shorter than in park, card
B b	Bussi	[b]	baby, book
C c	C-rappu	[s]	city, boss
D d	Kadulla	[d]	day, doctor
E e	Pelto	[e]	elm, medal
F f	Filmi	[f]	face, food
G g	Jooga	[g]	game, gold
H h	Hattu	[h]	home, have
I i	Piha	[i]	shorter than in feet
J j	Juna	[j]	yes, New York
K k	Katu	[k]	clock, kiss
L l	Lapio	[l]	lace, people
M m	Muna	[m]	magic, milk
N n	Nainen	[n]	name, normal
O o	Kova	[o]	pod, John
P p	Papin	[p]	pencil, private
R r	Ruoka	[r]	rice, radio
S s	Suosio	[s]	city, boss
T t	Tapa	[t]	tourist, trip
U u	Uni	[u]	book
V v	Vaaka	[ʋ]	vase, winter
Y y	Tyttö	[y]	fuel, tuna
Z z	Fazer	[ts]	cats, tsetse fly
Ä ä	Älä	[æ]	chess, man
Ö ö	Pöllö	[ø]	eternal, church

Diphthongs

ää	Ihmetyttää	[æː]	longer than in brand
öö	Miljardööri	[øː]	first, thirsty
aa	Notaari	[aː]	calf, palm
ii	Poliisi	[iː]	feet, meter
oo	Koomikko	[oː]	fall, bomb

Letter	Finnish example	T&P phonetic alphabet	English example
uu	Nojapuut	[u:]	pool, room
yy	Flyygeli	[y:]	longer than fuel

ABBREVIATIONS
used in the vocabulary

ab.	-	about
adj	-	adjective
adv	-	adverb
anim.	-	animate
as adj	-	attributive noun used as adjective
e.g.	-	for example
etc.	-	et cetera
fam.	-	familiar
fem.	-	feminine
form.	-	formal
inanim.	-	inanimate
masc.	-	masculine
math	-	mathematics
mil.	-	military
n	-	noun
pl	-	plural
pron.	-	pronoun
sb	-	somebody
sing.	-	singular
sth	-	something
v aux	-	auxiliary verb
vi	-	intransitive verb
vi, vt	-	intransitive, transitive verb
vt	-	transitive verb

BASIC CONCEPTS

1. Pronouns

I, me	minä	[miɲæ]
you	sinä	[siɲæ]
he	hän	[hæn]
she	hän	[hæn]
it	se	[se]
we	me	[me]
you (to a group)	te	[te]
they	he	[he]

2. Greetings. Salutations

Hello! (fam.)	Hei!	[hej]
Hello! (form.)	Hei!	[hej]
Good morning!	Hyvää huomenta!	[hyʋæ: huomentɑ]
Good afternoon!	Hyvää päivää!	[hyʋæ: pæjʋæ:]
Good evening!	Hyvää iltaa!	[hyʋæ: iltɑ:]
to say hello	tervehtiä	[terʋehtiæ]
Hi! (hello)	Moi!	[moj]
greeting (n)	terve	[terʋe]
to greet (vt)	tervehtiä	[terʋehtiæ]
How are you?	Mitä kuuluu?	[mitæ ku:lu:]
What's new?	Mitä on uutta?	[mitæ on u:ttɑ]
Bye-Bye! Goodbye!	Näkemiin!	[ɲækemi:in]
See you soon!	Pikaisiin näkemiin!	[pikɑjsi:in ɲækemi:in]
Farewell!	Hyvästi!	[hyʋæsti]
to say goodbye	hyvästellä	[hyʋæsteʎæ]
So long!	Hei hei!	[hej hej]
Thank you!	Kiitos!	[ki:itos]
Thank you very much!	Paljon kiitoksia!	[palʰøn ki:itoksiɑ]
You're welcome	Ole hyvä	[ole hyʋæ]
Don't mention it!	Ei kestä kiittää	[ej kestæ ki:ittæ:]
It was nothing	Ei kestä	[ej kestæ]
Excuse me!	Anteeksi!	[ɑnte:ksi]
to excuse (forgive)	antaa anteeksi	[ɑntɑ: ɑnte:ksi]

to apologize (vi)	pyytää anteeksi	[py:tæ: ante:ksi]
My apologies	Pyydän anteeksi	[py:dæn ante:ksi]
I'm sorry!	Anteeksi!	[ante:ksi]
to forgive (vt)	antaa anteeksi	[anta: ante:ksi]
please (adv)	ole hyvä	[ole hyʋæ]
Don't forget!	Älkää unohtako!	[ælkæ: unohtako]
Certainly!	Tietysti!	[tietysti]
Of course not!	Eipä tietenkään!	[ejpæ tieteŋkæ:n]
Okay! (I agree)	Olen samaa mieltä!	[olen sama: mieltæ]
That's enough!	Riittää!	[ri:ittæ:]

3. Questions

Who?	Kuka?	[kuka]
What?	Mikä?	[mikæ]
Where? (at, in)	Missä?	[missæ]
Where (to)?	Mihin?	[mihin]
From where?	Mistä?	[mistæ]
When?	Milloin?	[millojn]
Why? (What for?)	Mitä varten?	[mitæ ʋarten]
Why? (reason)	Miksi?	[miksi]
What for?	Minkä vuoksi?	[miŋkæ ʋuoksi]
How? (in what way)	Miten?	[miten]
What? (What kind of ...?)	Millainen?	[millajnen]
Which?	Mikä?	[mikæ]
To whom?	Kenelle?	[kenelle]
About whom?	Kenestä?	[kenestæ]
About what?	Mistä?	[mistæ]
With whom?	Kenen kanssa?	[kenen kanssa]
How many?	Kuinka monta?	[kuiŋka monta]
How much?	Kuinka paljon?	[kuiŋka palʰon]
Whose?	Kenen?	[kenen]

4. Prepositions

with (accompanied by)	kanssa	[kanssa]
without	ilman	[ilman]
to (indicating direction)	... ssa/ssä	[ssa] / [ssæ]
about (talking ~ ...)	... sta, ... stä	[sta], [stæ]
before (in time)	ennen	[eŋen]
in front of ...	edessä	[edessæ]
under (beneath, below)	alla	[alla]
above (over)	yllä	[yʎæ]

on (atop)	päällä	[pæ:ʎæ]
from (off, out of)	... sta, ... stä	[stɑ], [stæ]
of (made from)	... sta, ... stä	[stɑ], [stæ]

| in (e.g., ~ ten minutes) | päästä | [pæ:stæ] |
| over (across the top of) | yli | [yli] |

5. Function words. Adverbs. Part 1

Where? (at, in)	Missä?	[missæ]
here (adv)	täällä	[tæ:ʎæ]
there (adv)	siellä	[sieʎæ]

| somewhere (to be) | jossain | [øssɑjn] |
| nowhere (not anywhere) | ei missään | [ej missæ:n] |

| by (near, beside) | vieressä | [ʊæressæ] |
| by the window | ikkunan vieressä | [ikkunɑn ʊæressæ] |

Where (to)?	Mihin?	[mihin]
here (e.g., come ~!)	tänne	[tæŋe]
there (e.g., to go ~)	tuonne	[tuoŋe]
from here (adv)	täältä	[tæ:ltæ]
from there (adv)	sieltä	[sieltæ]

| close (adv) | lähellä | [ʎæheʎæ] |
| far (adv) | kaukana | [kɑukɑnɑ] |

near (e.g., ~ Paris)	luona	[luonɑ]
nearby (adv)	vieressä	[ʊæressæ]
not far (adv)	lähelle	[ʎæhelle]

left (adj)	vasen	[ʊɑsen]
on the left	vasemmalla	[ʊɑsemmɑllɑ]
to the left	vasemmalle	[ʊɑsemmɑlle]

right (adj)	oikea	[ojkeɑ]
on the right	oikealla	[ojkeɑllɑ]
to the right	oikealle	[ojkeɑlle]

in front (adv)	edessä	[edessæ]
front (as adj)	etumainen	[etumɑjnen]
ahead (look ~)	eteenpäin	[ete:npæjn]

behind (adv)	takana	[tɑkɑnɑ]
from behind	takaa	[tɑkɑ:]
back (towards the rear)	takaisin	[tɑkɑjsin]

| middle | keskikohta | [keskikohtɑ] |
| in the middle | keskellä | [keskeʎæ] |

at the side	sivulta	[siʋulta]
everywhere (adv)	kaikkialla	[kajkkialla]
around (in all directions)	ympärillä	[ympæriʎæ]
from inside	sisäpuolelta	[sisæ puolelta]
somewhere (to go)	jonnekin	[øŋekin]
straight (directly)	suoraan	[suora:n]
back (e.g., come ~)	takaisin	[takajsin]
from anywhere	jostakin	[østakin]
from somewhere	jostakin	[østakin]
firstly (adv)	ensiksi	[ensiksi]
secondly (adv)	toiseksi	[tojseksi]
thirdly (adv)	kolmanneksi	[kolmaŋeksi]
suddenly (adv)	äkkiä	[ækkiæ]
at first (adv)	alussa	[alussa]
for the first time	ensi kerran	[ensi kerran]
long before ...	kauan ennen kuin	[kauan eŋen kuin]
anew (over again)	uudestaan	[u:desta:n]
for good (adv)	pysyvästi	[pysyʋæsti]
never (adv)	ei koskaan	[ej koska:n]
again (adv)	taas	[ta:s]
now (adv)	nyt	[nyt]
often (adv)	usein	[usejn]
then (adv)	silloin	[silloin]
urgently (quickly)	pikaisesti	[pikajsesti]
usually (adv)	tavallisesti	[taʋallisesti]
by the way, ...	muuten	[mu:ten]
possible (that is ~)	ehkä	[ehkæ]
probably (adv)	todennäköisesti	[toden ɲækøjsesti]
maybe (adv)	voi olla	[ʋoj olla]
besides ...	lisäksi	[lisæksi]
that's why ...	siksi	[siksi]
in spite of ...	huolimatta	[huolimatta]
thanks to ...	avulla	[aʋulla]
what (pron.)	mikä	[mikæ]
that (conj.)	että	[ettæ]
something	jokin	[økin]
anything (something)	jotakin	[øtakin]
nothing	ei mitään	[ej mitæ:n]
who (pron.)	kuka	[kuka]
someone	joku	[øku]
somebody	joku	[øku]
nobody	ei kukaan	[ej kuka:n]
nowhere (a voyage to ~)	ei mihinkään	[ej mihiŋkæ:n]

| nobody's | ei kenenkään | [ej keneŋkæ:n] |
| somebody's | jonkun | [øŋkun] |

so (I'm ~ glad)	niin	[ni:in]
also (as well)	myös	[myøs]
too (as well)	myös	[myøs]

6. Function words. Adverbs. Part 2

Why?	Miksi?	[miksi]
for some reason	jostain syystä	[østajn sy:stæ]
because ...	koska	[koska]
for some purpose	jonkin vuoksi	[øŋkin ʋuoksi]

and	ja	[ja]
or	tai	[taj]
but	mutta	[mutta]
for (e.g., ~ me)	varten	[ʋarten]

too (~ many people)	liian	[li:ian]
only (exclusively)	vain	[ʋajn]
exactly (adv)	tarkasti	[tarkasti]
about (more or less)	noin	[nojn]

approximately (adv)	likimäärin	[likimæ:rin]
approximate (adj)	likimääräinen	[likimæ:ræjnen]
almost (adv)	melkein	[melkejn]
the rest	muu	[mu:]

each (adj)	joka	[øka]
any (no matter which)	jokainen	[økajnen]
many, much (a lot of)	paljon	[palʰøn]
many people	monet	[monet]
all (everyone)	kaikki	[kajkki]

in return for ...	korvauksena	[korʋauksena]
in exchange (adv)	sijaan	[sija:n]
by hand (made)	käsin	[kæsin]
hardly (negative opinion)	tuskin	[tuskin]

probably (adv)	varmaan	[ʋarma:n]
on purpose (adv)	tahallaan	[tahalla:n]
by accident (adv)	sattumalta	[sattumalta]

very (adv)	erittäin	[erittæjn]
for example (adv)	esimerkiksi	[esimerkiksi]
between	välillä	[ʋæliʎæ]
among	keskellä	[keskeʎæ]
so much (such a lot)	niin paljon	[ni:in palʰøn]
especially (adv)	erikoisesti	[erikojsesti]

NUMBERS. MISCELLANEOUS

7. Cardinal numbers. Part 1

0 zero	nolla	[nolla]
1 one	yksi	[yksi]
2 two	kaksi	[kaksi]
3 three	kolme	[kolme]
4 four	neljä	[nelʰjæ]
5 five	viisi	[uiːisi]
6 six	kuusi	[kuːsi]
7 seven	seitsemän	[sejtsemæn]
8 eight	kahdeksan	[kahdeksan]
9 nine	yhdeksän	[yhdeksæn]
10 ten	kymmenen	[kymmenen]
11 eleven	yksitoista	[yksi tojsta]
12 twelve	kaksitoista	[kaksi tojsta]
13 thirteen	kolmetoista	[kolme tojsta]
14 fourteen	neljätoista	[nelʰjæ tojsta]
15 fifteen	viisitoista	[uiːisi tojsta]
16 sixteen	kuusitoista	[kuːsi tojsta]
17 seventeen	seitsemäntoista	[sejtsemæn tojsta]
18 eighteen	kahdeksantoista	[kahdeksan tojsta]
19 nineteen	yhdeksäntoista	[yhdeksæn tojsta]
20 twenty	kaksikymmentä	[kaksi kymmentæ]
21 twenty-one	kaksikymmentäyksi	[kaksi kymmentæ yksi]
22 twenty-two	kaksikymmentäkaksi	[kaksi kymmentæ kaksi]
23 twenty-three	kaksikymmentäkolme	[kaksi kymmentæ kolme]
30 thirty	kolmekymmentä	[kolme kymmentæ]
31 thirty-one	kolmekymmentäyksi	[kolme kymmentæ yksi]
32 thirty-two	kolmekymmentäkaksi	[kolme kymmentæ kaksi]
33 thirty-three	kolmekymmentäkolme	[kolme kymmentæ kolme]
40 forty	neljäkymmentä	[nelʰjæ kymmentæ]
41 forty-one	neljäkymmentäyksi	[nelʰjæ kymmentæ yksi]
42 forty-two	neljäkymmentäkaksi	[nelʰjæ kymmentæ kaksi]
43 forty-three	neljäkymmentäkolme	[nelʰjæ kymmentæ kolme]
50 fifty	viisikymmentä	[uiːisi kymmentæ]
51 fifty-one	viisikymmentäyksi	[uiːisi kymmentæ yksi]
52 fifty-two	viisikymmentäkaksi	[uiːisi kymmentæ kaksi]

53 fifty-three	viisikymmentäkolme	[ʋiːisi kymmentæ kolme]
60 sixty	kuusikymmentä	[kuːsi kymmentæ]
61 sixty-one	kuusikymmentäyksi	[kuːsi kymmentæ yksi]
62 sixty-two	kuusikymmentäkaksi	[kuːsi kymmentæ kaksi]
63 sixty-three	kuusikymmentäkolme	[kuːsi kymmentæ kolme]

70 seventy	seitsemänkymmentä	[sejtsemæn kymmentæ]
71 seventy-one	seitsemänkymmentä- yksi	[sejtsemæn kymmentæ yksi]
72 seventy-two	seitsemänkymmentä- kaksi	[sejtsemæn kymmentæ kaksi]
73 seventy-three	seitsemänkymmentä- kolme	[sejtsemæn kymmentæ kolme]

80 eighty	kahdeksankymmentä	[kahdeksan kymmentæ]
81 eighty-one	kahdeksankymmentä- yksi	[kahdeksan kymmentæ yksi]
82 eighty-two	kahdeksankymmentä- kaksi	[kahdeksan kymmentæ kaksi]
83 eighty-three	kahdeksankymmentä- kolme	[kahdeksan kymmentæ kolme]

90 ninety	yhdeksänkymmentä	[yhdeksæn kymmentæ]
91 ninety-one	yhdeksänkymmentä- yksi	[yhdeksæn kymmentæ yksi]
92 ninety-two	yhdeksänkymmentä- kaksi	[yhdeksæn kymmentæ kaksi]
93 ninety-three	yhdeksänkymmentä- kolme	[yhdeksæn kymmentæ kolme]

8. Cardinal numbers. Part 2

100 one hundred	sata	[sata]
200 two hundred	kaksisataa	[kaksi sataː]
300 three hundred	kolmesataa	[kolme sataː]
400 four hundred	neljäsataa	[nelʰjæ sataː]
500 five hundred	viisisataa	[ʋiːisi sataː]

600 six hundred	kuusisataa	[kuːsi sataː]
700 seven hundred	seitsemänsataa	[sejtsemæn sataː]
800 eight hundred	kahdeksansataa	[kahdeksan sataː]
900 nine hundred	yhdeksänsataa	[yhdeksæn sataː]

1000 one thousand	tuhat	[tuhat]
2000 two thousand	kaksituhatta	[kaksi tuhatta]
3000 three thousand	kolmetuhatta	[kolme tuhatta]
10000 ten thousand	kymmenentuhatta	[kymmenen tuhatta]
one hundred thousand	satatuhatta	[sata tuhatta]
million	miljoona	[milʰøːna]
billion	miljardi	[milʰjardi]

9. Ordinal numbers

first (adj)	**ensimmäinen**	[ensimmæjnen]
second (adj)	**toinen**	[tojnen]
third (adj)	**kolmas**	[kolmɑs]
fourth (adj)	**neljäs**	[nelʰjæs]
fifth (adj)	**viides**	[ʋiːides]
sixth (adj)	**kuudes**	[kuːdes]
seventh (adj)	**seitsemäs**	[sejtsemæs]
eighth (adj)	**kahdeksas**	[kɑhdeksɑs]
ninth (adj)	**yhdeksäs**	[yhdeksæs]
tenth (adj)	**kymmenes**	[kymmenes]

COLOURS. UNITS OF MEASUREMENT

10. Colors

color	väri	[væri]
shade (tint)	vivahdus	[viʋɑhdus]
hue	värisävy	[væri sæʋy]
rainbow	sateenkaari	[sɑte:n kɑ:ri]
white (adj)	valkoinen	[ʋɑlkojnen]
black (adj)	musta	[mustɑ]
gray (adj)	harmaa	[hɑrmɑ:]
green (adj)	vihreä	[ʋihreæ]
yellow (adj)	keltainen	[keltɑjnen]
red (adj)	punainen	[punɑjnen]
blue (adj)	sininen	[sininen]
light blue (adj)	vaaleansininen	[ʋɑ:leɑn sininen]
pink (adj)	vaaleanpunainen	[ʋɑ:leɑn punɑjnen]
orange (adj)	oranssi	[orɑnssi]
violet (adj)	violetti	[ʋioletti]
brown (adj)	ruskea	[ruskeɑ]
golden (adj)	kultainen	[kultɑjnen]
silvery (adj)	hopeinen	[hopejnen]
beige (adj)	beige	[be:ge]
cream (adj)	kermanvärinen	[kermɑn ʋærinen]
turquoise (adj)	turkoosi	[turko:si]
cherry red (adj)	kirsikanpunainen	[kirsikɑn punɑjnen]
lilac (adj)	sinipunainen	[sini punɑjnen]
crimson (adj)	karmiininpunainen	[kɑrmi:inen punɑjnen]
light (adj)	vaalea	[ʋɑ:leɑ]
dark (adj)	tumma	[tummɑ]
bright, vivid (adj)	kirkas	[kirkɑs]
colored (pencils)	väri-	[ʋæri]
color (e.g., ~ film)	värillinen	[ʋærillinen]
black-and-white (adj)	mustavalkoinen	[mustɑ ʋɑlkojnen]
plain (one-colored)	yksivärinen	[yksiʋærinen]
multicolored (adj)	erivärinen	[eriʋærinen]

11. Units of measurement

weight	paino	[pɑjno]
length	pituus	[pitu:s]
width	leveys	[leʋeys]
height	korkeus	[korkeus]
depth	syvyys	[syʋy:s]
volume	tilavuus	[tilɑʋu:s]
area	pinta-ala	[pintɑ ɑlɑ]

gram	gramma	[grɑmmɑ]
milligram	milligramma	[milligrɑmmɑ]
kilogram	kilo	[kilo]
ton	tonni	[toŋi]
pound	punta	[puntɑ]
ounce	unssi	[unssi]

meter	metri	[metri]
millimeter	millimetri	[millimetri]
centimeter	senttimetri	[senttimetri]
kilometer	kilometri	[kilometri]
mile	peninkulma	[penin kulmɑ]

inch	tuuma	[tu:mɑ]
foot	jalka	[jɑlkɑ]
yard	jaardi	[jɑ:rdi]

square meter	neliömetri	[neliø metri]
hectare	hehtaari	[hehtɑ:ri]

liter	litra	[litrɑ]
degree	aste	[ɑste]
volt	voltti	[ʋoltti]
ampere	ampeeri	[ɑmpe:ri]
horsepower	hevosvoima	[heʋosʋojmɑ]

quantity	määrä	[mæ:ræ]
a little bit of ...	vähän	[ʋæhæn]
half	puoli	[puoli]

dozen	tusina	[tusinɑ]
piece (item)	kappale	[kɑppɑle]

size	koko	[koko]
scale (map ~)	mittakaava	[mittɑkɑ:ʋɑ]

minimal (adj)	minimaalinen	[minimɑ:linen]
the smallest (adj)	pienin	[pienin]
medium (adj)	keskimmäinen	[keskimmæjnen]
maximal (adj)	maksimaalinen	[mɑksimɑ:linen]
the largest (adj)	suurin	[su:rin]

12. Containers

jar (glass)	lasitölkki	[lɑsitølkki]
can	peltitölkki	[peltitølkki]
bucket	sanko	[sɑŋko]
barrel	tynnyri	[tyŋyri]
basin (for washing)	vati	[ʋɑti]
tank (for liquid, gas)	säiliö	[sæjliø]
hip flask	kenttäpullo	[kenttæ pullo]
jerrycan	kanisteri	[kɑnisteri]
cistern (tank)	säiliö	[sæjliø]
mug	tuoppi	[tuoppi]
cup (of coffee, etc.)	kuppi	[kuppi]
saucer	teevati	[te:ʋɑti]
glass (tumbler)	lasi	[lɑsi]
wineglass	malja	[mɑlʰjɑ]
saucepan	kattila	[kɑttilɑ]
bottle (~ of wine)	pullo	[pullo]
neck (of the bottle)	pullonkaula	[pulloŋkɑulɑ]
carafe	karahvi	[kɑrɑhʋi]
pitcher (earthenware)	kannu	[kɑŋu]
vessel (container)	astia	[ɑstiɑ]
pot (crock)	ruukku	[ru:kku]
vase	maljakko	[mɑlʰjɑkko]
bottle (~ of perfume)	pullo	[pullo]
vial, small bottle	pullonen	[pullonen]
tube (of toothpaste)	tuubi	[tu:bi]
sack (bag)	säkki	[sækki]
bag (paper ~, plastic ~)	kassi	[kɑssi]
pack (of cigarettes, etc.)	paketti	[pɑketti]
box (e.g., shoebox)	laatikko	[lɑ:tikko]
crate	laatikko	[lɑ:tikko]
basket	kori	[kori]

MAIN VERBS

13. The most important verbs. Part 1

to advise (vt)	neuvoa	[neuvoɑ]
to agree (say yes)	suostua	[suostuɑ]
to answer (vi, vt)	vastata	[vɑstɑtɑ]
to apologize (vi)	pyytää anteeksi	[py:tæ: ɑnte:ksi]
to arrive (vi)	saapua	[sɑ:puɑ]
to ask (~ oneself)	kysyä	[kysyæ]
to ask (~ sb to do sth)	pyytää	[py:tæ:]

to be (vi)	olla	[ollɑ]
to be afraid	pelätä	[peʎætæ]
to be hungry	minulla on nälkä	[minullɑ on ɲælkæ]
to be interested in ...	kiinnostua	[ki:iɲostuɑ]
to be needed	tarvitsee	[tɑrvitse:]
to be surprised	ihmetellä	[ihmeteʎæ]
to be thirsty	minulla on jano	[minullɑ on æno]

to begin (vt)	alkaa	[ɑlkɑ:]
to belong to ...	kuulua	[ku:luɑ]
to boast (vi)	kehua	[kehuɑ]
to break (split into pieces)	rikkoa	[rikkoɑ]

to call (for help)	kutsua	[kutsuɑ]
can (v aux)	voida	[vojdɑ]
to catch (vt)	ottaa kiinni	[ottɑ: ki:iɲi]
to change (vt)	muuttaa	[mu:ttɑ:]
to choose (select)	valita	[vɑlitɑ]

to come down	laskeutua	[lɑskeutuɑ]
to come in (enter)	tulla sisään	[tullɑ sisæ:n]
to compare (vt)	verrata	[verrɑtɑ]
to complain (vi, vt)	valittaa	[vɑlittɑ:]

to confuse (mix up)	sotkea	[sotkeɑ]
to continue (vt)	jatkaa	[jɑtkɑ:]
to control (vt)	tarkastaa	[tɑrkɑstɑ:]
to cook (dinner)	laittaa	[lɑjttɑ:]

to cost (vt)	maksaa	[mɑksɑ:]
to count (add up)	laskea	[lɑskeɑ]
to count on ...	luottaa	[luottɑ:]
to create (vt)	luoda	[luodɑ]
to cry (weep)	itkeä	[itkeæ]

25

14. The most important verbs. Part 2

to deceive (vi, vt)	pettää	[pettæ:]
to decorate (tree, street)	koristaa	[korista:]
to defend (a country, etc.)	puolustaa	[puolusta:]
to demand (request firmly)	vaatia	[ʋɑ:tiɑ]

to dig (vt)	kaivaa	[kɑjʋɑ:]
to discuss (vt)	käsitellä	[kæsiteʎæ]
to do (vt)	tehdä	[tehdæ]
to doubt (have doubts)	epäillä	[epæjʎæ]
to drop (let fall)	pudottaa	[pudottɑ:]

to exist (vi)	olla olemassa	[ollɑ olemɑssɑ]
to expect (foresee)	nähdä ennakolta	[ɲæhdæ eŋɑkoltɑ]
to explain (vt)	selittää	[selittæ:]

to fall (vi)	kaatua	[kɑ:tuɑ]
to find (vt)	löytää	[løytæ:]
to finish (vt)	lopettaa	[lopettɑ:]
to fly (vi)	lentää	[lentæ:]
to follow ... (come after)	seurata	[seurɑtɑ]
to forget (vi, vt)	unohtaa	[unohtɑ:]
to forgive (vt)	antaa anteeksi	[ɑntɑ: ɑnte:ksi]

to give (vt)	antaa	[ɑntɑ:]
to give a hint	vihjata	[ʋihʲjɑtɑ]

to go (on foot)	mennä	[menæ]
to go for a swim	kylpeä	[kylpeæ]
to go out (from ...)	poistua	[pojstuɑ]
to guess right	arvata	[ɑrʋɑtɑ]

to have (vt)	omistaa	[omistɑ:]
to have breakfast	syödä aamiaista	[syødæ ɑ:miɑjstɑ]
to have dinner	illastaa	[illɑstɑ:]
to have lunch	syödä päivällistä	[syødæ pæjʋællistæ]

to hear (vt)	kuulla	[ku:llɑ]
to help (vt)	auttaa	[ɑuttɑ:]
to hide (vt)	piilotella	[pi:ilotellɑ]
to hope (vi, vt)	toivoa	[tojʋoɑ]
to hunt (vi, vt)	metsästää	[metsæstæ:]
to hurry (vi)	kiirehtiä	[ki:irehtiæ]

15. The most important verbs. Part 3

to inform (vt)	tiedottaa	[tiedottɑ:]
to insist (vi, vt)	pysyä kannassaan	[pysyæ kɑŋɑssɑ:n]

to insult (vt)	loukata	[loukata]
to invite (vt)	kutsua	[kutsua]
to joke (vi)	laskea leikkiä	[laskea lejkkiæ]
to keep (vt)	säilyttää	[sæjlyttæ:]
to keep silent	olla vaiti	[olla vajti]
to kill (vt)	murhata	[murhata]
to know (sb)	tuntea	[tuntea]
to know (sth)	tietää	[tietæ:]
to laugh (vi)	nauraa	[naura:]
to liberate (city, etc.)	vapauttaa	[vapautta:]
to like (I like …)	pitää	[pitæ:]
to look for … (search)	etsiä	[etsiæ]
to love (sb)	rakastaa	[rakasta:]
to make a mistake	erehtyä	[erehtyæ]
to manage, to run	johtaa	[øhta:]
to mean (signify)	merkitä	[merkitæ]
to mention (talk about)	mainita	[majnita]
to miss (school, etc.)	olla poissa	[olla pojssa]
to notice (see)	huomata	[huomata]
to object (vi, vt)	väittää vastaan	[væjttæ: vasta:n]
to observe (see)	seurata	[seurata]
to open (vt)	avata	[avata]
to order (meal, etc.)	tilata	[tilata]
to order (mil.)	käskeä	[kæskeæ]
to own (possess)	omistaa	[omista:]
to participate (vi)	osallistua	[osallistua]
to pay (vi, vt)	maksaa	[maksa:]
to permit (vt)	antaa lupa	[anta: lupa]
to plan (vt)	suunnitella	[su:ŋitella]
to play (children)	leikkiä	[lejkkiæ]
to pray (vi, vt)	rukoilla	[rukojlla]
to prefer (vt)	katsoa parhaaksi	[katsoa parha:ksi]
to promise (vt)	luvata	[luvata]
to pronounce (vt)	lausua	[lausua]
to propose (vt)	ehdottaa	[ehdotta:]
to punish (vt)	rangaista	[raŋajsta]
to read (vi, vt)	lukea	[lukea]
to recommend (vt)	suositella	[suositella]
to refuse (vi, vt)	kieltäytyä	[kæltæytyæ]
to regret (be sorry)	sääliä	[sæ:liæ]
to rent (sth from sb)	vuokrata	[vuokrata]
to repeat (say again)	toistaa	[tojsta:]
to reserve, to book	reservoida	[reservojda]
to run (vi)	juosta	[juosta]

16. The most important verbs. Part 4

to save (rescue)	pelastaa	[pelasta:]
to say (~ thank you)	sanoa	[sanoa]
to scold (vt)	haukkua	[haukkua]
to see (vt)	nähdä	[næhdæ]
to sell (vt)	myydä	[my:dæ]
to send (vt)	lähettää	[ʎæhettæ:]

to shoot (vi)	ampua	[ampua]
to shout (vi)	huutaa	[hu:ta:]
to show (vt)	näyttää	[næyttæ:]
to sign (document)	allekirjoittaa	[allekirʰojtta:]
to sit down (vi)	istua	[istua]
to smile (vi)	hymyillä	[hymyjʎæ]

to speak (vi, vt)	keskustella	[keskustella]
to steal (money, etc.)	varastaa	[ʋarasta:]
to stop (please ~ calling me)	lakata	[lakata]
to stop (for pause, etc.)	pysähtyä	[pysæhtyæ]
to study (vt)	oppia	[oppia]
to swim (vi)	uida	[ujda]

to take (vt)	ottaa	[otta:]
to think (vi, vt)	ajatella	[ajatella]
to threaten (vt)	uhata	[uhata]
to touch (with hands)	koskettaa	[kosketta:]
to translate (vt)	kääntää	[kæ:ntæ:]
to trust (vt)	luottaa	[luotta:]
to try (attempt)	koettaa	[koetta:]
to turn (~ to the left)	kääntää	[kæ:ntæ:]

to underestimate (vt)	aliarvioida	[aliarʋiojda]
to understand (vt)	ymmärtää	[ymmærtæ:]
to unite (vt)	yhdistää	[yhdistæ:]

to wait (vt)	odottaa	[odotta:]
to want (wish, desire)	haluta	[haluta]
to warn (vt)	varoittaa	[ʋarojtta:]
to work (vi)	työskennellä	[tyøskeɳeʎæ]
to write (vt)	kirjoittaa	[kirʰojtta:]
to write down	kirjoittaa muistiin	[kirʰojtta: mujsti:in]

TIME. CALENDAR

17. Weekdays

Monday	maanantai	[mɑ:nɑntɑj]
Tuesday	tiistai	[ti:istɑj]
Wednesday	keskiviikko	[keskiʋi:ikko]
Thursday	torstai	[torstɑj]
Friday	perjantai	[perʰjɑntɑj]
Saturday	lauantai	[lɑuɑntɑj]
Sunday	sunnuntai	[suŋuntɑj]

today (adv)	tänään	[tænæ:n]
tomorrow (adv)	huomenna	[huomeŋɑ]
the day after tomorrow	ylihuomenna	[ylihuomeŋɑ]
yesterday (adv)	eilen	[ejlen]
the day before yesterday	toissapäivänä	[tojssɑ pæjʋæɲæ]

day	päivä	[pæjʋæ]
working day	työpäivä	[tyøpæjʋæ]
public holiday	juhlapäivä	[juhlɑpæjʋæ]
day off	vapaapäivä	[ʋɑpɑ:pæjʋæ]
weekend	viikonloppu	[ʋi:ikon loppu]

all day long	koko päivän	[koko pæjʋæn]
next day (adv)	ensi päivänä	[ensi pæjʋæɲæ]
two days ago	kaksi päivää sitten	[kɑksi pæjʋæ: sitten]
the day before	aattona	[ɑ:ttonɑ]
daily (adj)	jokapäiväinen	[økɑ pæjʋæjnen]
every day (adv)	joka päivä	[økɑ pæjʋæ]

week	viikko	[ʋi:ikko]
last week (adv)	viime viikolla	[ʋi:ime ʋi:ikollɑ]
next week (adv)	ensi viikolla	[ensi ʋi:ikollɑ]
weekly (adj)	jokaviikkoinen	[økɑʋi:ikkojnen]
every week (adv)	joka viikko	[økɑ ʋi:ikko]
twice a week	kaksi kertaa viikossa	[kɑksi kertɑ: ʋi:ikossɑ]
every Tuesday	joka tiistai	[økɑ ti:istɑj]

18. Hours. Day and night

morning	aamu	[ɑ:mu]
in the morning	aamulla	[ɑ:mullɑ]
noon, midday	puolipäivä	[puolipæjʋæ]

in the afternoon	iltapäivällä	[ilta pæjʊæʌæ]
evening	ilta	[ilta]
in the evening	illalla	[illalla]
night	yö	[yø]
at night	yöllä	[yøʌæ]
midnight	puoliyö	[puoli yø]

second	sekunti	[sekunti]
minute	minuutti	[minu:tti]
hour	tunti	[tunti]
half an hour	puoli tuntia	[puoli tuntia]
quarter of an hour	vartti	[ʊartti]
fifteen minutes	viisitoista minuuttia	[ʊi:isitojsta minu:ttia]
24 hours	vuorokausi	[ʊuoro kausi]

sunrise	auringonnousu	[auriŋon nousu]
dawn	sarastus	[sarastus]
early morning	varhainen aamu	[ʊarhajnen a:mu]
sunset	auringonlasku	[auriŋon lasku]

early in the morning	aamulla aikaisin	[a:mulla ajkajsin]
this morning	tänä aamuna	[tæɲæ a:muna]
tomorrow morning	ensi aamuna	[ensi a:muna]

this afternoon	tänä päivänä	[tæɲæ pæjʊæɲæ]
in the afternoon	iltapäivällä	[ilta pæjʊæʌæ]
tomorrow afternoon	huomisiltapäivällä	[huomis ilta pæjʊæʌæ]

| tonight (this evening) | tänä iltana | [tæɲæ iltana] |
| tomorrow night | ensi iltana | [ensi iltana] |

at 3 o'clock sharp	tasan kolmelta	[tasan kolmelta]
about 4 o'clock	noin neljältä	[nojn nelʰæltæ]
by 12 o'clock	kahdentoista mennessä	[kahdentojsta menessæ]

in 20 minutes	kahdenkymmenen minuutin kuluttua	[kahdeŋkymmenen minu:tin kuluttua]
in an hour	tunnin kuluttua	[tuɲin kuluttua]
on time (adv)	ajoissa	[aøjssa]

a quarter of ...	varttia vaille	[ʊarttia ʊajlle]
within an hour	tunnin kuluessa	[tuɲin kuluessa]
every 15 minutes	viidentoista minuutin välein	[ʊi:iden tojsta minu:tin ʊælejn]
round the clock	ympäri vuorokauden	[ympæri ʊuoro kauden]

19. Months. Seasons

| January | tammikuu | [tammiku:] |
| February | helmikuu | [helmiku:] |

March	maaliskuu	[maːlisku:]
April	huhtikuu	[huhtiku:]
May	toukokuu	[toukoku:]
June	kesäkuu	[kesæku:]

July	heinäkuu	[hejnæku:]
August	elokuu	[eloku:]
September	syyskuu	[sy:sku:]
October	lokakuu	[lokaku:]
November	marraskuu	[marrasku:]
December	joulukuu	[øuluku:]

spring	kevät	[keʋæt]
in spring	keväällä	[keʋæːʎæ]
spring (as adj)	keväinen	[keʋæjnen]

summer	kesä	[kesæ]
in summer	kesällä	[kesæʎæ]
summer (as adj)	kesäinen	[kesæjnen]

fall	syksy	[syksy]
in fall	syksyllä	[syksyʎæ]
fall (as adj)	syksyinen	[syksyjnen]

winter	talvi	[talʋi]
in winter	talvella	[talʋella]
winter (as adj)	talvinen	[talʋinen]

month	kuukausi	[ku:kausi]
this month	tässä kuukaudessa	[tæssæ ku:kaudessa]
next month	ensi kuukaudessa	[ensi ku:kaudessa]
last month	viime kuukaudessa	[ʋiːime ku:kaudessa]

a month ago	kuukausi sitten	[ku:kausi sitten]
in a month	kuukauden kuluttua	[ku:kauden kuluttua]
in two months	kahden kuukauden kuluttua	[kahden ku:kauden kuluttua]
the whole month	koko kuukauden	[koko ku:kauden]
all month long	koko kuukauden	[koko ku:kauden]

monthly (~ magazine)	kuukautinen	[ku:kautinen]
monthly (adv)	kuukausittain	[ku:kausittajn]
every month	joka kuukausi	[øka ku:kausi]
twice a month	kaksi kertaa kuukaudessa	[kaksi kerta: ku:kaudessa]

year	vuosi	[ʋuosi]
this year	tänä vuonna	[tæɲæ ʋuoŋa]
next year	ensi vuonna	[ensi ʋuoŋa]
last year	viime vuonna	[ʋiːime ʋuoŋa]
a year ago	vuosi sitten	[ʋuosi sitten]
in a year	vuoden kuluttua	[ʋuoden kuluttua]

in two years	kahden vuoden kuluttua	[kɑhden ʋuoden kuluttuɑ]
the whole year	koko vuoden	[koko ʋuoden]
all year long	koko vuoden	[koko ʋuoden]

every year	joka vuosi	[økɑ ʋuosi]
annual (adj)	vuosittainen	[ʋuosittɑjnen]
annually (adv)	vuosittain	[ʋuosittɑjn]
4 times a year	neljä kertaa vuodessa	[nelʰjæ kertɑ: ʋuodessɑ]

date (e.g., today's ~)	päivä	[pæjʋæ]
date (e.g., ~ of birth)	päivämäärä	[pæjʋæmæ:ræ]
calendar	kalenteri	[kɑlenteri]

half a year	puoli vuotta	[puoli ʋuottɑ]
six months	vuosipuolisko	[ʋuosi puolisko]
season (summer, etc.)	kausi	[kɑusi]
century	vuosisata	[ʋuosisɑtɑ]

TRAVEL. HOTEL

20. Trip. Travel

tourism	matkailu	[matkajlu]
tourist	matkailija	[matkajlija]
trip, voyage	matka	[matka]
adventure	seikkailu	[sejkkajlu]
trip, journey	matka	[matka]
vacation	loma	[loma]
to be on vacation	olla lomalla	[olla lomalla]
rest	lepo	[lepo]
train	juna	[juna]
by train	junalla	[junalla]
airplane	lentokone	[lentokone]
by airplane	lentokoneella	[lentokone:lla]
by car	autolla	[autolla]
by ship	laivalla	[lajvalla]
luggage	matkatavarat	[matkatavarat]
suitcase, luggage	matkalaukku	[matkalaukku]
luggage cart	matkatavarakärryt	[matkatavarat kærryt]
passport	passi	[passi]
visa	viisumi	[vi:isumi]
ticket	lippu	[lippu]
air ticket	lentolippu	[lentolippu]
guidebook	opas	[opas]
map	kartta	[kartta]
area (rural ~)	seutu	[seutu]
place, site	paikka	[pajkka]
exotic (n)	eksoottisuus	[ekso:ttisu:s]
exotic (adj)	eksoottinen	[ekso:ttinen]
amazing (adj)	ihmeellinen	[ihme:llinen]
group	ryhmä	[ryhmæ]
excursion	retki	[retki]
guide (person)	opas	[opas]

21. Hotel

| hotel | hotelli | [hotelli] |
| motel | motelli | [motelli] |

three-star	kolme tähteä	[kolme tæhteæ]
five-star	viisi tähteä	[ʋi:isi tæhteæ]
to stay (in hotel, etc.)	majoittua	[maøjttua]

room	huone	[huone]
single room	yhden hengen huone	[yhden heŋen huone]
double room	kahden hengen huone	[kahden heŋen huone]
to book a room	varata huone	[ʋarata huone]

| half board | puolihoito | [puolihojto] |
| full board | täysihoito | [tæysihojto] |

with bath	ammeen kanssa	[amme:n kanssa]
with shower	suihkun kanssa	[sujhkun kanssa]
satellite television	satelliittitelevisio	[satelli:itti teleʋisio]
air-conditioner	ilmastointilaite	[ilmastojntilajte]
towel	pyyhe	[py:he]
key	avain	[aʋajn]

administrator	vastaanottaja	[ʋasta:nottajæ]
chambermaid	kerrossiivooja	[kerrossi:iʋo:ja]
porter, bellboy	kantaja	[kantaja]
doorman	vahtimestari	[ʋahti mestari]

restaurant	ravintola	[raʋintola]
pub, bar	baari	[ba:ri]
breakfast	aamiainen	[a:miajnen]
dinner	illallinen	[illallinen]
buffet	noutopöytä	[nouto pøytæ]

| lobby | eteishalli | [etejshalli] |
| elevator | hissi | [hissi] |

| DO NOT DISTURB | ÄLKÄÄ HÄIRITKÖ | [ælkæ: hæjritkø] |
| NO SMOKING | EI SAA POLTTAA! | [ej sa: poltta:] |

22. Sightseeing

monument	patsas	[patsas]
fortress	linna	[liŋa]
palace	palatsi	[palatsi]
castle	linna	[liŋa]
tower	torni	[torni]
mausoleum	mausoleumi	[mausoleumi]

architecture	**arkkitehtuuri**	[arrkitehtu:ri]
medieval (adj)	**keskiaikainen**	[keskiajkajnen]
ancient (adj)	**vanha**	[vanha]
national (adj)	**kansallinen**	[kansallinen]
well-known (adj)	**tunnettu**	[tuɲettu]
tourist	**matkailija**	[matkajlija]
guide (person)	**opas**	[opas]
excursion, guided tour	**retki**	[retki]
to show (vt)	**näyttää**	[ɲæyttæ:]
to tell (vt)	**kertoa**	[kertoa]
to find (vt)	**löytää**	[løytæ:]
to get lost (lose one's way)	**hävitä**	[hævitæ]
map (e.g., subway ~)	**reittikartta**	[rejtti kartta]
map (e.g., city ~)	**asemakaava**	[asema ka:va]
souvenir, gift	**muistoesine**	[mujstoesine]
gift shop	**matkamuistokauppa**	[matka mujsto kauppa]
to take pictures	**valokuvata**	[valokuvata]
to be photographed	**valokuvauttaa itsensä**	[valo kuvautta: itsensæ]

TRANSPORTATION

23. Airport

airport	**lentoasema**	[lentoasema]
airplane	**lentokone**	[lentokone]
airline	**lentoyhtiö**	[lentoyhtiø]
air-traffic controller	**valvoja**	[ʋaluoja]
departure	**lentoonlähtö**	[lento:nʎæhtø]
arrival	**tulo**	[tulo]
to arrive (by plane)	**lentää**	[lentæ:]
departure time	**lähtöaika**	[ʎæhtø ajka]
arrival time	**saapumisaika**	[sa:pumis ajka]
to be delayed	**myöhästyä**	[myøhæstyæ]
flight delay	**lennon viivytys**	[leŋon ʋi:iʋytys]
information board	**tiedotustaulu**	[tiedotus taulu]
information	**tiedotus**	[tiedotus]
to announce (vt)	**ilmoittaa**	[ilmojtta:]
flight (e.g., next ~)	**lento**	[lento]
customs	**tulli**	[tulli]
customs officer	**tullimies**	[tullimies]
customs declaration	**tullausilmoitus**	[tullaus ilmojtus]
to fill out the declaration	**täyttää tullausilmoitus**	[tæyttæ: tullaus ilmojtus]
passport control	**passintarkastus**	[passin tarkastus]
luggage	**matkatavarat**	[matkataʋarat]
hand luggage	**käsimatkatavara**	[kæsimatkataʋara]
Lost Luggage Desk	**matkatavaroiden etsintä**	[matkataʋarojden etsintæ]
luggage cart	**matkatavarakärryt**	[matkataʋarat kærryt]
landing	**lasku**	[lasku]
landing strip	**laskurata**	[laskurata]
to land (vi)	**laskeutua**	[laskeutua]
airstairs	**portaat**	[porta:t]
check-in	**rekisteröinti**	[rekisterøinti]
check-in desk	**rekisteröintitiski**	[rekisterøinti tiski]
to check-in (vi)	**ilmoittautua**	[ilmojttautua]
boarding pass	**lippu**	[lippu]
departure gate	**lentokoneen pääsy**	[lentokone:n pæ:sy]

transit	kauttakulku	[kauttakulku]
to wait (vt)	odottaa	[odotta:]
departure lounge	odotussali	[odotussali]
to see off	saattaa	[sa:tta:]
to say goodbye	hyvästellä	[hyʋæsteʎæ]

24. Airplane

airplane	lentokone	[lentokone]
air ticket	lentolippu	[lentolippu]
airline	lentoyhtiö	[lentoyhtiø]
airport	lentoasema	[lentoasema]
supersonic (adj)	äänen nopeuden ylittävä	[æ:nen nopeuden ylittæʋæ]

captain	lentokoneen päällikkö	[lentokone:n pæ:llikkø]
crew	miehistö	[mæhisto]
pilot	lentäjä	[lentæjæ]
flight attendant	lentoemäntä	[lentoemæntæ]
navigator	perämies	[peræmies]

wings	siivet	[si:iʋet]
tail	pyrstö	[pyrstø]
cockpit	hytti	[hytti]
engine	moottori	[mo:ttori]
undercarriage	laskuteline	[laskuteline]
turbine	turbiini	[turbi:ini]

propeller	propelli	[propelli]
black box	musta laatikko	[musta la:tikko]
control column	ruoriratas	[ruoriratas]
fuel	polttoaine	[polttoajne]

safety card	ohje	[ohⁿje]
oxygen mask	happinaamari	[happina:mari]
uniform	univormu	[uniʋormu]
life vest	pelastusliivi	[pelastusli:iʋi]
parachute	laskuvarjo	[lasku ʋarⁿø]

takeoff	ilmaannousu	[ilma:ŋousu]
to take off (vi)	nousta ilmaan	[nousta ilma:n]
runway	kiitorata	[ki:itorata]

visibility	näkyvyys	[nækyʋy:s]
flight (act of flying)	lento	[lento]
altitude	korkeus	[korkeus]
air pocket	ilmakuoppa	[ilmakuoppa]

| seat | paikka | [pajkka] |
| headphones | kuulokkeet | [ku:lokke:t] |

folding tray	kääntöpöytä	[kæ:ntøpøytæ]
airplane window	ikkuna	[ikkunɑ]
aisle	käytävä	[kæytæuæ]

25. Train

train	juna	[junɑ]
suburban train	sähköjuna	[sæhkøjunɑ]
express train	pikajuna	[pikɑjunɑ]
diesel locomotive	moottoriveturi	[mo:ttoriueturi]
steam engine	veturi	[ueturi]

passenger car	vaunu	[uɑunu]
dining car	ravintolavaunu	[rɑuintolɑ uɑunu]

rails	ratakiskot	[rɑtɑkiskot]
railroad	rautatie	[rɑutɑtie]
railway tie	ratapölkky	[rɑtɑpølkky]

platform (railway ~)	asemalaituri	[ɑsemɑ lɑjturi]
track (~ 1, 2, etc.)	raide	[rɑjde]
semaphore	siipiopastin	[si:ipi opɑstin]
station	asema	[ɑsemɑ]

engineer	junankuljettaja	[yneŋkuʎættɑjɑ]
porter (of luggage)	kantaja	[kɑntɑjɑ]
train steward	vaununhoitaja	[uɑunun hojtɑjɑ]
passenger	matkustaja	[mɑtkustɑjɑ]
conductor	tarkastaja	[tɑrkɑstɑjɑ]

corridor (in train)	käytävä	[kæytæuæ]
emergency break	hätäjarru	[hætæjɑrru]

compartment	vaununosasto	[uɑunun osɑsto]
berth	vuode	[uuode]
upper berth	ylävuode	[yʎæuuode]
lower berth	alavuode	[ɑlɑuuode]
bed linen	vuodevaatteet	[uuodeuɑ:tte:t]

ticket	lippu	[lippu]
schedule	aikataulu	[ɑjkɑtɑulu]
information display	ilmoitustaulu	[ilmojtustɑulu]

to leave, to depart	lähteä	[ʎæhteæ]
departure (of train)	junan lähtö	[junɑn ʎæhtø]
to arrive (ab. train)	saapua	[sɑ:puɑ]
arrival	saapuminen	[sɑ:puminen]

to arrive by train	tulla junalla	[tullɑ junɑllɑ]
to get on the train	nousta junaan	[noustɑ junɑ:n]

to get off the train	nousta junasta	[nousta junasta]
train wreck	onnettomuus	[oŋettomu:s]
steam engine	veturi	[ʋeturi]
stoker, fireman	lämmittäjä	[ʎæmmittæjæ]
firebox	lämmitys	[ʎæmmitys]
coal	hiili	[hi:li]

26. Ship

ship	laiva	[lɑjʋɑ]
vessel	alus	[ɑlus]
steamship	höyrylaiva	[højrylɑjʋɑ]
riverboat	jokilaiva	[økilɑjʋɑ]
ocean liner	risteilijä	[ristejlijæ]
cruiser	risteilijä	[ristejlijæ]
yacht	pursi	[pursi]
tugboat	hinausköysi	[hinɑuskøysi]
barge	proomu	[pro:mu]
ferry	lautta	[lɑuttɑ]
sailing ship	purjealus	[purʰjeɑlus]
brigantine	merirosvot	[merirosʋot]
ice breaker	jäänmurtaja	[jæ:nmurtɑjɑ]
submarine	sukellusvene	[sukellusʋene]
boat (flat-bottomed ~)	jolla	[øllɑ]
dinghy	vene	[ʋene]
lifeboat	pelastusvene	[pelɑstus ʋene]
motorboat	moottorivene	[mo:ttoriʋene]
captain	kapteeni	[kɑpte:ni]
seaman	matruusi	[mɑtru:si]
sailor	merimies	[merimies]
crew	miehistö	[mæhisto]
boatswain	pursimies	[pursimies]
ship's boy	laivapoika	[lɑjʋɑ pojkɑ]
cook	kokki	[kokki]
ship's doctor	laivalääkäri	[lɑjʋɑ læ:kæri]
deck	kansi	[kɑnsi]
mast	masto	[mɑsto]
sail	purje	[purʰje]
hold	ruuma	[ru:mɑ]
bow (prow)	keula	[keulɑ]
stern	perä	[ɸeræ]

| oar | airo | [ajro] |
| screw propeller | potkuri | [potkuri] |

cabin	hytti	[hytti]
wardroom	upseerimessi	[upse:ri messi]
engine room	konehuone	[konehuone]
bridge	komentosilta	[komentosilta]
radio room	radiohuone	[radiohuone]
wave (radio)	aalto	[a:lto]
logbook	laivapäiväkirja	[lajʋa pæjʋækirʰja]

spyglass	kaukoputki	[kaukoputki]
bell	kello	[kello]
flag	lippu	[lippu]

| rope (mooring ~) | köysi | [køysi] |
| knot (bowline, etc.) | solmu | [solmu] |

| deckrail | käsipuu | [kæsipu:] |
| gangway | portaat | [porta:t] |

anchor	ankkuri	[aŋkkuri]
to weigh anchor	nostaa ankkuri	[nosta: aŋkkuri]
to drop anchor	heittää ankkuri	[hejttæ: aŋkkuri]
anchor chain	ankkuriketju	[aŋkkuriketju]

port (harbor)	satama	[satama]
berth, wharf	laituri	[lajturi]
to berth (moor)	laskea laituriin	[laskea lajturi:in]
to cast off	irtautua	[irtautua]

trip, voyage	matka	[matka]
cruise (sea trip)	laivamatka	[lajʋamatka]
course (route)	kurssi	[kurssi]
route (itinerary)	reitti	[rejtti]

fairway	väylä	[ʋæyʎæ]
shallows (shoal)	matalikko	[matalikko]
to run aground	ajautua matalikolle	[ajautua matalikolle]

storm	myrsky	[myrsky]
signal	merkki	[merkki]
to sink (vi)	upota	[upota]
SOS	SOS	[sos]
ring buoy	pelastusrengas	[pelastus reŋas]

CITY

27. Urban transportation

bus	bussi	[bussi]
streetcar	raitiovaunu	[rɑjtiouɑunu]
trolley	johdinauto	[øhdin ɑuto]
route (of bus)	reitti	[rejtti]
number (e.g., bus ~)	numero	[numero]

to go by …	mennä …	[meŋæ]
to get on (~ the bus)	nousta	[nousta]
to get off …	astua ulos	[ɑstuɑ ulos]

stop (e.g., bus ~)	pysäkki	[pysækki]
next stop	seuraava pysäkki	[seurɑ:uɑ pysækki]
terminus	viimeinen pysäkki	[ui:imejnen pysækki]
schedule	aikataulu	[ɑjkɑtɑulu]
to wait (vt)	odottaa	[odotta:]

| ticket | lippu | [lippu] |
| fare | lipun hinta | [lipun hintɑ] |

cashier (ticket seller)	kassanhoitaja	[kɑssɑnhojtɑjɑ]
ticket inspection	tarkastus	[tɑrkɑstus]
conductor	tarkastaja	[tɑrkɑstɑjɑ]

to be late (for …)	myöhästyä	[myøhæstyæ]
to miss (~ the train, etc.)	myöhästyä	[myøhæstyæ]
to be in a hurry	kiirehtiä	[ki:irehtiæ]

taxi, cab	taksi	[tɑksi]
taxi driver	taksinkuljettaja	[tɑksin kuʎjettɑjɑ]
by taxi	taksilla	[tɑksillɑ]
taxi stand	taksiasema	[tɑksiɑsemɑ]
to call a taxi	tilata taksi	[tilɑtɑ tɑksi]
to take a taxi	ottaa taksi	[ottɑ: tɑksi]

traffic	katuliikenne	[kɑtuli:ikeŋe]
traffic jam	ruuhka	[ru:hkɑ]
rush hour	ruuhka-aika	[ru:hkɑ ɑjkɑ]
to park (vi)	pysäköidä	[pysækøjdæ]
to park (vt)	pysäköidä	[pysækøjdæ]
parking lot	parkkipaikka	[pɑrkki pɑjkkɑ]
subway	metro	[metro]
station	asema	[ɑsemɑ]

to take the subway	mennä metrolla	[meɲæ metrollɑ]
train	juna	[juna]
train station	rautatieasema	[rɑutɑtieɑsemɑ]

28. City. Life in the city

city, town	kaupunki	[kɑupuŋki]
capital city	pääkaupunki	[pæ:kɑupuŋki]
village	kylä	[kyʎæ]

city map	kaupungin asemakaava	[kɑupuɲin ɑsemɑ kɑ:uɑ]
downtown	kaupungin keskusta	[kɑupuɲin keskustɑ]
suburb	esikaupunki	[esikɑupuŋki]
suburban (adj)	esikaupunki-	[esikɑupuŋki]

outskirts	laita	[lɑjtɑ]
environs (suburbs)	ympäristö	[ympæristø]
city block	kortteli	[kortteli]
residential block	asuinkortteli	[ɑsujŋkortteli]

traffic	liikenne	[li:keɲe]
traffic lights	liikennevalot	[li:keɲeuɑlot]
public transportation	julkiset kulkuvälineet	[julkiset kulkuuæline:t]
intersection	risteys	[risteys]

crosswalk	suojatie	[suojɑtæ]
pedestrian underpass	alikäytävä	[ɑlikæytæuæ]
to cross (vt)	mennä yli	[meɲæ yli]
pedestrian	jalankulkija	[jɑlɑŋkulkijɑ]
sidewalk	jalkakäytävä	[jɑlkɑkæytæuæ]

bridge	silta	[siltɑ]
bank (riverbank)	rantakatu	[rɑntɑkɑtu]
fountain	suihkulähde	[sujhku ʎæhde]

allée	lehtikuja	[lehti kujɑ]
park	puisto	[pujsto]
boulevard	bulevardi	[buleuɑrdi]
square	aukio	[ɑukio]
avenue (wide street)	valtakatu	[uɑltɑ kɑtu]
street	katu	[kɑtu]
side street	kuja	[kujɑ]
dead end	umpikuja	[umpikujɑ]

house	talo	[tɑlo]
building	rakennus	[rɑkeɲus]
skyscraper	pilvenpiirtäjä	[piluen pi:irtæjæ]

| facade | julkisivu | [julkisiuu] |
| roof | katto | [kɑtto] |

window	ikkuna	[ikkuna]
arch	kaari	[kɑːri]
column	pylväs	[pylʊæs]
corner	kulma	[kulmɑ]

store window	näyteikkuna	[næyte ikkuna]
store sign	kyltti	[kyltti]
poster	juliste	[juliste]
advertising poster	mainosjuliste	[mɑjnos juliste]
billboard	mainoskilpi	[mɑjnos kilpi]

garbage, trash	jätteet	[jætteːt]
garbage can	roskis	[roskis]
to litter (vi)	roskata	[roskɑtɑ]
garbage dump	kaatopaikka	[kɑːtopɑjkkɑ]

phone booth	puhelinkoppi	[puheliŋkoppi]
lamppost	lyhtypylväs	[lyhtypylʊæs]
bench (park ~)	penkki	[peŋkki]

police officer	poliisi	[poliːisi]
police	poliisi	[poliːisi]
beggar	kerjäläinen	[kerʰjæʎæjnen]
homeless, bum	koditon	[koditon]

29. Urban institutions

store	kauppa	[kauppɑ]
drugstore, pharmacy	apteekki	[apteːkki]
optical store	optiikka	[optiːikkɑ]
shopping mall	kauppakeskus	[kauppɑ keskus]
supermarket	supermarketti	[supermɑrketti]

bakery	leipäkauppa	[lejpækauppɑ]
baker	leipuri	[lejpuri]
candy store	konditoria	[konditoriɑ]
grocery store	sekatavarakauppa	[sekɑtɑʊɑrɑ kauppɑ]
butcher shop	lihakauppa	[lihɑkauppɑ]

produce store	vihanneskauppa	[ʊihɑŋes kauppɑ]
market	kauppatori	[kauppɑtori]

coffee house	kahvila	[kɑhʊilɑ]
restaurant	ravintola	[rɑʊintolɑ]
pub	pubi	[pubi]
pizzeria	pizzeria	[pitseriɑ]

hair salon	parturinliike	[pɑrturin liːike]
post office	posti	[posti]
dry cleaners	kemiallinen pesu	[kemiɑllinen pesu]

43

photo studio	valokuvausliike	[ʋalo kuʋaus liːike]
shoe store	kenkäkauppa	[keŋkækauppa]
bookstore	kirjakauppa	[kirʰja kauppa]
sporting goods store	urheilukauppa	[urhejlu kauppa]

clothes repair	vaatteiden korjaus	[ʋaːttejden korʰjaus]
formal wear rental	vaatteiden vuokra	[ʋaːttejden ʋuokra]
movie rental store	elokuvien vuokra	[elo kuʋien ʋuokra]

circus	sirkus	[sirkus]
zoo	eläintarha	[eʎæjntarha]
movie theater	elokuvateatteri	[elokuʋa teatteri]
museum	museo	[museo]
library	kirjasto	[kirʰjasto]

theater	teatteri	[teatteri]
opera	ooppera	[oːppera]
nightclub	yökerho	[yøkerho]
casino	kasino	[kasino]

mosque	moskeija	[moskeja]
synagogue	synagoga	[synagoga]
cathedral	tuomiokirkko	[tuomiokirkko]
temple	temppeli	[temppeli]
church	kirkko	[kirkko]

college	instituutti	[instituːtti]
university	yliopisto	[yliopisto]
school	koulu	[koulu]

prefecture	prefektuuri	[prefektuːri]
city hall	kaupunginhallitus	[kaupuŋin hallitus]
hotel	hotelli	[hotelli]
bank	pankki	[paŋkki]

embassy	suurlähetystö	[suːr ʎæhetystø]
travel agency	matkatoimisto	[matka tojmisto]
information office	neuvontatoimisto	[neuʋon tatojmisto]
money exchange	vaihtopiste	[ʋajhtopiste]

| subway | metro | [metro] |
| hospital | sairaala | [sajraːla] |

| gas station | bensiiniasema | [bensiːni asema] |
| parking lot | parkkipaikka | [parkki pajkka] |

30. Signs

| store sign | kyltti | [kyltti] |
| notice (written text) | kirjoitus | [kirʰøjtus] |

poster	juliste	[juliste]
direction sign	osoitin	[osojtin]
arrow (sign)	nuoli	[nuoli]

caution	varoitus	[ʋarojtus]
warning sign	varoitus	[ʋarojtus]
to warn (vt)	varoittaa	[ʋarojtta:]

day off	vapaapäivä	[ʋapa:pæjʋæ]
timetable (schedule)	aikataulu	[ajkataulu]
opening hours	aukioloaika	[aukioloajka]

WELCOME!	TERVETULOA!	[terʋetuloa]
ENTRANCE	SISÄÄN	[sisæ:n]
EXIT	ULOS	[ulos]

PUSH	TYÖNNÄ	[tyøŋæ]
PULL	VEDÄ	[ʋedæ]
OPEN	AUKI	[auki]
CLOSED	KIINNI	[ki:iŋi]

| WOMEN | NAISET | [najset] |
| MEN | MIEHET | [miehet] |

DISCOUNTS	ALE	[ale]
SALE	ALENNUSMYYNTI	[aleŋusmy:nti]
NEW!	UUTUUS!	[u:tu:s]
FREE	ILMAISEKSI	[ilmajseksi]

ATTENTION!	HUOMIO!	[huomio]
NO VACANCIES	EI OLE TILAA	[ej ole tilæ:]
RESERVED	VARATTU	[ʋarattu]

ADMINISTRATION	HALLINTO	[hallinto]
STAFF ONLY	VAIN	[ʋajn
	HENKILÖKUNNALLE	heŋkilø kuŋalle]

| BEWARE OF THE DOG! | VARO VIHAISTA | [ʋaro ʋihajsta |
| | KOIRAA | kojræ:] |

| NO SMOKING | TUPAKOINTI KIELLETTY | [tupakojnti kielletty] |
| DO NOT TOUCH! | EI SAA KOSKEA! | [ej sa: koskea] |

DANGEROUS	ON VAARALLISTA	[on ʋa:rallista]
DANGER	HENGENVAARA	[heŋenʋa:ra]
HIGH TENSION	SUURJÄNNITE	[su:rjæŋite]
NO SWIMMING!	UIMINEN KIELLETTY	[ujminen kielletty]
OUT OF ORDER	EI TOIMI	[ej tojmi]

FLAMMABLE	SYTTYVÄ	[syttyʋæ]
FORBIDDEN	KIELLETTY	[kielletty]
NO TRESPASSING!	LÄPIKULKU KIELLETTY	[ʎæpikulku kielletty]
WET PAINT	ON MAALATTU	[on ma:lattu]

31. Shopping

to buy (purchase)	ostaa	[ostɑ:]
purchase	ostos	[ostos]
to go shopping	käydä ostoksilla	[kæydæ ostoksilla]
shopping	ostoksilla käynti	[ostoksilla kæynti]
to be open (ab. store)	toimia	[tojmiɑ]
to be closed	olla kiinni	[olla ki:iŋi]
footwear	jalkineet	[jɑlkine:t]
clothes, clothing	vaatteet	[uɑ:tte:t]
cosmetics	kosmetiikka	[kosmeti:ikka]
food products	ruokatavarat	[ruoka tɑuɑrɑt]
gift, present	lahja	[lɑhʰjɑ]
salesman	myyjä	[my:jæ]
saleswoman	myyjätär	[my:jætær]
check out, cash desk	kassa	[kɑssɑ]
mirror	peili	[pejli]
counter (in shop)	tiski	[tiski]
fitting room	sovitushuone	[souitus huone]
to try on	sovittaa	[souittɑ:]
to fit (ab. dress, etc.)	sopia	[sopiɑ]
to like (I like ...)	miellyttää	[miellyttæ:]
price	hinta	[hintɑ]
price tag	hintalappu	[hinta lappu]
to cost (vt)	maksaa	[mɑksɑ:]
How much?	Kuinka paljon?	[kuiŋkɑ pɑlʰon]
discount	alennus	[ɑleŋus]
inexpensive (adj)	halpa	[hɑlpɑ]
cheap (adj)	halpa	[hɑlpɑ]
expensive (adj)	kallis	[kɑllis]
It's expensive	Se on kallista	[se on kɑllistɑ]
rental (n)	vuokra	[uuokrɑ]
to rent (~ a tuxedo)	vuokrata	[uuokrɑtɑ]
credit	luotto	[luotto]
on credit (adv)	luotolla	[luotollɑ]

CLOTHING & ACCESSORIES

32. Outerwear. Coats

clothes	vaatteet	[ʋɑːtteːt]
outer clothes	päällysvaatteet	[pæːllys ʋɑːtteːt]
winter clothes	talvivaatteet	[tɑlʋi ʋɑːtteːt]
overcoat	takki	[tɑkki]
fur coat	turkki	[turkki]
fur jacket	puoliturkki	[puoli turkki]
down coat	untuvatakki	[untuʋɑtɑkki]
jacket (e.g., leather ~)	takki	[tɑkki]
raincoat	sadetakki	[sɑdetɑkki]
waterproof (adj)	vedenpitävä	[ʋedenpitæʋæ]

33. Men's & women's clothing

shirt	paita	[pɑjtɑ]
pants	housut	[housut]
jeans	farkut	[fɑrkut]
jacket (of man's suit)	takki	[tɑkki]
suit	puku	[puku]
dress (frock)	leninki	[leniŋki]
skirt	hame	[hɑme]
blouse	pusero	[pusero]
knitted jacket	villapusero	[ʋillɑpusero]
jacket (of woman's suit)	jakku	[jɑkku]
T-shirt	T-paita	[tepɑjtɑ]
shorts (short trousers)	sortsit	[sortsit]
tracksuit	urheilupuku	[urhejlupuku]
bathrobe	froteinen aamutakki	[frotejnen ɑːmutɑkki]
pajamas	pyjama	[pyjɑmɑ]
sweater	villapaita	[ʋillɑpɑjtɑ]
pullover	neulepusero	[neule pusero]
vest	liivi	[liːiʋi]
tailcoat	frakki	[frɑkki]
tuxedo	smokki	[smokki]
uniform	univormu	[uniʋormu]

workwear	työvaatteet	[tyøuɑ:tte:t]
overalls	haalari	[hɑ:lɑri]
coat (e.g., doctor's smock)	lääkärintakki	[læ:kærin tɑkki]

34. Clothing. Underwear

underwear	alusvaatteet	[ɑlusuɑ:tte:t]
undershirt (A-shirt)	aluspaita	[ɑluspɑjtɑ]
socks	sukat	[sukɑt]

nightgown	pyjama	[pyjɑmɑ]
bra	rintaliivit	[rintɑli:iuit]
knee highs	polvisukat	[poluisukɑt]
tights	sukkahousut	[sukkɑhousut]
stockings (thigh highs)	sukat	[sukɑt]
bathing suit	uimapuku	[ujmɑpuku]

35. Headwear

hat	hattu	[hɑttu]
fedora	fedora-hattu	[fedorɑ hɑttu]
baseball cap	lippalakki	[lippɑlɑkki]
flatcap	lakki	[lɑkki]

beret	baskeri	[bɑskeri]
hood	huppu	[huppu]
panama hat	panama	[pɑnɑmɑ]
knitted hat	pipo	[pipo]

| headscarf | huivi | [huiui] |
| women's hat | hattu | [hɑttu] |

hard hat	kypärä	[kypæræ]
garrison cap	suikka	[suikkɑ]
helmet	kypärä	[kypæræ]

| derby | knalli | [knɑlli] |
| top hat | silinterihattu | [silinteri hɑttu] |

36. Footwear

footwear	jalkineet	[jɑlkine:t]
ankle boots	varsikengät	[uɑrsikeŋæt]
shoes (low-heeled ~)	kengät	[keŋæt]
boots (cowboy ~)	saappaat	[sɑ:ppɑ:t]
slippers	tossut	[tossut]

tennis shoes	lenkkitossut	[leŋkkitossut]
sneakers	lenkkarit	[leŋkkɑrit]
sandals	sandaalit	[sɑndɑːlit]

cobbler	suutari	[suːtɑri]
heel	korko	[korko]
pair (of shoes)	pari	[pɑri]

shoestring	nauhat	[nɑuhɑt]
to lace (vt)	sitoa kengännauhat	[sitoɑ keɲæŋɑuhɑt]
shoehorn	kenkälusikka	[keŋkælusikkɑ]
shoe polish	kenkävoide	[keŋkæʋojde]

37. Personal accessories

gloves	käsineet	[kæsineːt]
mittens	lapaset	[lɑpɑset]
scarf (muffler)	kaulaliina	[kɑulɑliːnɑ]

glasses	silmälasit	[silmælɑsit]
frame (eyeglass ~)	kehys	[kehys]
umbrella	sateenvarjo	[sɑteːnʋɑrø]
walking stick	kävelykeppi	[kæʋelykeppi]
hairbrush	hiusharja	[hiushɑrʰjɑ]
fan	viuhka	[ʋiuhkɑ]

necktie	solmio	[solmio]
bow tie	rusetti	[rusetti]
suspenders	henkselit	[heŋkselit]
handkerchief	nenäliina	[neɲæ liːnɑ]

comb	kampa	[kɑmpɑ]
barrette	hiussolki	[hiussolki]
hairpin	hiusneula	[hiusneulɑ]
buckle	solki	[solki]

| belt | vyö | [ʋyø] |
| shoulder strap | hihna | [hihnɑ] |

bag (handbag)	laukku	[lɑukku]
purse	käsilaukku	[kæsilɑukku]
backpack	reppu	[reppu]

38. Clothing. Miscellaneous

fashion	muoti	[muoti]
in vogue (adj)	muodikas	[muodikɑs]
fashion designer	mallisuunnittelija	[mɑlli suːɲittelijɑ]

collar	kaulus	[kaulus]
pocket	tasku	[tasku]
pocket (as adj)	tasku-	[tasku]
sleeve	hiha	[hiha]
hanging loop	silmukka	[silmukka]
fly (on trousers)	halkio	[halkio]

zipper (fastener)	vetoketju	[ʋetoketʲju]
fastener	kiinnitin	[kiːiɲitin]
button	nappi	[nappi]
buttonhole	napinläpi	[napinʌæpi]
to come off (ab. button)	irtautua	[irtautua]

to sew (vi, vt)	ommella	[ommella]
to embroider (vi, vt)	kirjoa	[kirʰøa]
embroidery	kirjonta	[kirʰønta]
sewing needle	neula	[neula]
thread	lanka	[laŋka]
seam	sauma	[sauma]

to get dirty (vi)	tahraantua	[tahraːntua]
stain (mark, spot)	tahra	[tahra]
to crease, crumple (vi)	rypistyä	[rypistyæ]
to tear (vt)	repiä	[repiæ]
clothes moth	koi	[koj]

39. Personal care. Cosmetics

toothpaste	hammastahna	[hammas tahna]
toothbrush	hammasharja	[hammas harʰja]
to brush one's teeth	harjata hampaita	[harʰjata hampajta]

razor	partaveitsi	[partaʋejtsi]
shaving cream	partavaahdoke	[partaʋaːhdoke]
to shave (vi)	ajaa partansa	[ajaː partansa]

| soap | saippua | [sajppua] |
| shampoo | sampoo | [sampoː] |

scissors	sakset	[sakset]
nail file	kynsiviila	[kynsiʋiːila]
nail clippers	kynsileikkuri	[kynsilejkkuri]
tweezers	pinsetit	[pinsetit]

cosmetics	meikki	[mejkki]
face mask	naamio	[naːmio]
manicure	kynsienhoito	[kynsienhojto]
to have a manicure	hoitaa kynsiä	[hojtaː kynsiæ]
pedicure	jalkojenhoito	[jalkojenhojto]
make-up bag	meikkipussi	[mejkkipussi]

face powder	puuteri	[pu:teri]
powder compact	puuterirasia	[pu:terirasia]
blusher	poskipuna	[poskipuna]

perfume (bottled)	parfyymi	[parfy:mi]
toilet water (perfume)	hajuvesi	[hajuʋesi]
lotion	kasvovesi	[kasʋoʋesi]
cologne	kölninvesi	[kølʋinʋesi]

eyeshadow	luomiväri	[luomiʋæri]
eyeliner	rajauskynä	[rajauskynæ]
mascara	ripsiväri	[ripsiʋæri]

lipstick	huulipuna	[hu:lipuna]
nail polish, enamel	kynsilakka	[kynsilakka]
hair spray	hiuslakka	[hiuslakka]
deodorant	deodorantti	[deodorantti]

cream	voide	[ʋojde]
face cream	kasvovoide	[kasʋoʋojde]
hand cream	käsivoide	[kæsiʋojde]
anti-wrinkle cream	ryppyvoide	[ryppyʋojde]
day (as adj)	päivä-	[pæjʋæ]
night (as adj)	yöllinen	[yøllinen]

tampon	tamponi	[tamponi]
toilet paper	vessapaperi	[ʋessapaperi]
hair dryer	hiustenkuivain	[hiusten kujʋajn]

40. Watches. Clocks

watch (wristwatch)	rannekello	[raŋekello]
dial	numerotaulu	[numerotaulu]
hand (of clock, watch)	osoitin	[osojtin]
metal watch band	rannerengas	[raŋereŋas]
watch strap	hihna	[hihna]

battery	paristo	[paristo]
to be dead (battery)	olla kulunut loppuun	[olla kulunut loppu:n]
to change a battery	vaihtaa paristo	[ʋajhta: paristo]

| to run fast | edistää | [edistæ:] |
| to run slow | jätättää | [ætættæ:] |

wall clock	seinäkello	[sejnækello]
hourglass	tiimalasi	[ti:imalasi]
sundial	aurinkokello	[auriŋko kello]
alarm clock	herätyskello	[herætys kello]
watchmaker	kelloseppä	[kelloseppæ]
to repair (vt)	korjata	[korʰjata]

EVERYDAY EXPERIENCE

41. Money

money	rahat	[rɑhɑt]
currency exchange	vaihto	[ʋɑjhto]
exchange rate	kurssi	[kurssi]
ATM	pankkiautomaatti	[pɑŋkki ɑutomɑːtti]
coin	kolikko	[kolikko]

| dollar | dollari | [dollɑri] |
| euro | euro | [euro] |

lira	liira	[liːirɑ]
Deutschmark	markka	[mɑrkkɑ]
franc	frangi	[frɑŋi]
pound sterling	punta	[puntɑ]
yen	jeni	[jeni]

debt	velka	[ʋelkɑ]
debtor	velallinen	[ʋelɑllinen]
to lend (money)	lainata jollekulle	[lɑjnɑtɑ øllekulle]
to borrow (vi, vt)	lainata joltakulta	[lɑjnɑtɑ øltɑkultɑ]

bank	pankki	[pɑŋkki]
account	tili	[tili]
to deposit into the account	tallettaa rahaa tilille	[tɑllettɑː rɑhɑː tilille]
to withdraw (vt)	nostaa rahaa tililtä	[nostɑː rɑhɑː tililtɑ]

credit card	luottokortti	[luotto kortti]
cash	käteinen	[kætejnen]
check	kuitti	[kujtti]
to write a check	kirjoittaa shekki	[kirʰojttɑː ʃekki]
checkbook	sekkivihko	[seːkkiʋihko]

wallet	lompakko	[lompɑkko]
change purse	kukkaro	[kukkɑro]
billfold	kukkaro	[kukkɑro]
safe	kassakaappi	[kɑssɑkɑːppi]

heir	perillinen	[perillinen]
inheritance	perintö	[perintø]
fortune (wealth)	omaisuus	[omɑjsuːs]

| lease, rent | vuokraus | [ʋuokrɑus] |
| rent money | asuntovuokra | [ɑsuntoʋuokrɑ] |

to rent (sth from sb)	vuokrata	[ʋuokrɑtɑ]
price	hinta	[hintɑ]
cost	hinta	[hintɑ]
sum	summa	[summɑ]

to spend (vt)	kuluttaa	[kuluttɑ:]
expenses	kulut	[kulut]
to economize (vi, vt)	säästää	[sæ:stæ:]
economical	säästäväinen	[sæ:stæʋæjnen]

to pay (vi, vt)	maksaa	[mɑksɑ:]
payment	maksu	[mɑksu]
change (give the ~)	vaihtoraha	[ʋɑjhtorɑhɑ]

tax	vero	[ʋero]
fine	sakko	[sɑkko]
to fine (vt)	sakottaa	[sɑkottɑ:]

42. Post. Postal service

post office	posti	[posti]
mail (letters, etc.)	posti	[posti]
mailman	postikantaja	[postiŋkɑntɑjæ]
opening hours	virka-aika	[ʋirkɑ ɑjkɑ]

letter	kirje	[kirʰje]
registered letter	kirjattu kirje	[kirʰjɑttu kirʰje]
postcard	postikortti	[posti kortti]
telegram	sähke	[sæhke]
parcel	paketti	[pɑketti]
money transfer	rahalähetys	[rɑhɑ ʎæhetys]

to receive (vt)	saada	[sɑ:dɑ]
to send (vt)	lähettää	[ʎæhettæ:]
sending	kirjeen lähetys	[kirʰje:n ʎæhetys]

address	osoite	[osojte]
ZIP code	postinumero	[postinumero]
sender	lähettäjä	[ʎæhettæjæ]
receiver, addressee	saaja	[sɑ:jɑ]

| name | nimi | [nimi] |
| family name | sukunimi | [sukunimi] |

rate (of postage)	tariffi	[tɑriffi]
standard (adj)	tavallinen	[tɑʋɑllinen]
economical (adj)	edullinen	[edullinen]

| weight | paino | [pɑjno] |
| to weigh up (vt) | punnita | [puɲitɑ] |

envelope	kirjekuori	[kirʰjekuori]
postage stamp	postimerkki	[postimerkki]
to stamp an envelope	liimata postimerkki	[liːimɑtɑ postimerkki]

43. Banking

bank	pankki	[pɑŋkki]
branch (of bank, etc.)	osasto	[osɑsto]

bank clerk, consultant	neuvoja	[neuʋojɑ]
manager (director)	johtaja	[øhtɑjɑ]

banking account	tili	[tili]
account number	tilinumero	[tili numero]
checking account	käyttötili	[kæyttø tili]
savings account	säästötili	[sæːstø tili]

to open an account	avata tili	[ɑʋɑtɑ tili]
to close the account	kuolettaa tili	[kuolettɑː tili]

to deposit into the account	panna tilille	[pɑŋɑ tilille]
to withdraw (vt)	nostaa rahat tililtä	[nostɑː rɑhɑt tililtɑ]

deposit	talletus	[tɑlletus]
to make a deposit	tallettaa	[tɑllettɑː]

wire transfer	siirto	[siːirto]
to wire, to transfer	siirtää	[siːirtæː]

sum	summa	[summɑ]
How much?	paljonko	[pɑlʰøŋko]

signature	allekirjoitus	[ɑllekirʰøjtus]
to sign (vt)	allekirjoittaa	[ɑllekirʰojttɑː]

credit card	luottokortti	[luotto kortti]
code	koodi	[koːdi]

credit card number	luottokortin numero	[luotto kortin numero]
ATM	pankkiautomaatti	[pɑŋkki ɑutomɑːtti]

check	kuitti	[kujtti]
to write a check	kirjoittaa shekki	[kirʰojttɑː ʃekki]
checkbook	sekkivihko	[seːkkiʋihko]

loan (bank ~)	luotto	[luotto]
to apply for a loan	hakea luottoa	[hɑkeɑ luottoɑ]
to get a loan	saada luotto	[sɑːdɑ luotto]
to give a loan	antaa luottoa	[ɑntɑː luottoɑ]
guarantee	takuu	[tɑkuː]

44. Telephone. Phone conversation

telephone	puhelin	[puhelin]
mobile phone	matkapuhelin	[matka puhelin]
answering machine	puhelinvastaaja	[puhelin ʋasta:ja]

| to call (telephone) | soittaa | [sojtta:] |
| phone call | soitto | [sojtto] |

to dial a number	valita numero	[ʋalita numero]
Hello!	Hei!	[hej]
to ask (vt)	kysyä	[kysyæ]
to answer (vi, vt)	vastata	[ʋastata]

to hear (vt)	kuulla	[ku:lla]
well (adv)	hyvin	[hyʋin]
not well (adv)	huonosti	[huonosti]
noises (interference)	häiriöt	[hæjriøt]

receiver	kuuloke	[ku:loke]
to pick up (~ the phone)	nostaa luuri	[nosta: lu:ri]
to hang up (~ the phone)	laskea luuri	[laskea lu:ri]

busy (adj)	varattu	[ʋarattu]
to ring (ab. phone)	soittaa	[sojtta:]
telephone book	puhelinluettelo	[puhelin luettelo]

local (adj)	paikallinen	[pajkallinen]
long distance (~ call)	kauko-	[kauko]
international (adj)	kansainvälinen	[kansajnʋælinen]

45. Mobile telephone

mobile phone	matkapuhelin	[matka puhelin]
display	näyttö	[ɲæyttø]
button	nappula	[ɲappula]
SIM card	SIM-kortti	[sim kortti]

battery	paristo	[paristo]
to be dead (battery)	olla tyhjä	[olla ty:hʲa]
charger	laturi	[laturi]

menu	valikko	[ʋalikko]
settings	asetukset	[asetukset]
tune (melody)	melodia	[melodia]
to select (vt)	valita	[ʋalita]

| calculator | laskin | [laskin] |
| voice mail | puhelinvastaaja | [puhelin ʋasta:ja] |

| alarm clock | herätyskello | [herætys kello] |
| contacts | puhelinluettelo | [puhelin luettelo] |

| SMS (text message) | SMS-viesti | [esemes ʋiesti] |
| subscriber | tilaaja | [tilɑːjɑ] |

46. Stationery

| ballpoint pen | täytekynä | [tæytekyɲæ] |
| fountain pen | sulkakynä | [sulkɑkyɲæ] |

pencil	lyijykynä	[lyːkyɲæ]
highlighter	korostuskynä	[korostuskyɲæ]
felt-tip pen	huopakynä	[huopɑkyɲæ]

| notepad | lehtiö | [lehtiø] |
| agenda (diary) | päivyri | [pæjʋyri] |

ruler	viivoitin	[ʋiːʋojtin]
calculator	laskin	[lɑskin]
eraser	kumi	[kumi]
thumbtack	nasta	[nɑstɑ]
paper clip	paperiliitin	[pɑperi liːitin]

glue	liima	[liːimɑ]
stapler	nitoja	[nitojɑ]
hole punch	rei'itin	[rejɪtin]
pencil sharpener	teroitin	[terojtin]

47. Foreign languages

language	kieli	[kieli]
foreign language	vieras kieli	[ʋierɑs kieli]
to study (vt)	opiskella	[opiskellɑ]
to learn (language, etc.)	opetella	[opetellɑ]

to read (vi, vt)	lukea	[lukeɑ]
to speak (vi, vt)	puhua	[puhuɑ]
to understand (vt)	ymmärtää	[ymmærtæː]
to write (vt)	kirjoittaa	[kirʰojttɑː]

fast (adv)	nopeasti	[nopeɑsti]
slowly (adv)	hitaasti	[hitɑːsti]
fluently (adv)	sujuvasti	[sujuʋɑsti]

rules	säännöt	[sæːŋøt]
grammar	kielioppi	[kielioppi]
vocabulary	sanasto	[sɑnɑsto]

phonetics	äänneoppi	[æ:ŋeoppi]
textbook	oppikirja	[oppikirʰja]
dictionary	sanakirja	[sɑnɑkirʰja]
teach-yourself book	itseopiskeluopas	[itseopiskelu opɑs]
phrasebook	fraasisanakirja	[frɑ:si sɑnɑkirʲɑ]

cassette	kasetti	[kɑsetti]
videotape	videokasetti	[ʋideokɑsetti]
CD, compact disc	CD-levy	[sede leʋy]
DVD	DVD-levy	[deʋede leʋy]

alphabet	aakkoset	[ɑ:kkoset]
to spell (vt)	tavata	[tɑʋɑtɑ]
pronunciation	ääntäminen	[æ:ntæminen]

accent	korostus	[korostus]
with an accent	vieraasti korostaen	[ʋierɑ:sti korostɑen]
without an accent	ilman korostusta	[ilmɑn korostustɑ]

word	sana	[sɑnɑ]
meaning	merkitys	[merkitys]

course (e.g., a French ~)	kurssit	[kurssit]
to sign up	ilmoittautua	[ilmojttɑutuɑ]
teacher	opettaja	[opettɑjɑ]

translation (process)	kääntäminen	[kæ:ntæminen]
translation (text, etc.)	käännös	[kæ:ŋøs]
translator	kääntäjä	[kæ:ntæjæ]
interpreter	tulkki	[tulkki]

polyglot	monikielinen	[moni kielinen]
memory	muisti	[mujsti]

MEALS. RESTAURANT

48. Table setting

spoon	**lusikka**	[lusikka]
knife	**veitsi**	[ʋejtsi]
fork	**haarukka**	[haːrukka]
cup (of coffee)	**kuppi**	[kuppi]
plate (dinner ~)	**lautanen**	[lautanen]
saucer	**teevati**	[teːʋati]
napkin (on table)	**lautasliina**	[lautasliːna]
toothpick	**hammastikku**	[hammas tikku]

49. Restaurant

restaurant	**ravintola**	[raʋintola]
coffee house	**kahvila**	[kahʋila]
pub, bar	**baari**	[baːri]
tearoom	**teehuone**	[teː huone]
waiter	**tarjoilija**	[tarʰøjlija]
waitress	**tarjoilijatar**	[tarʰøjlijatar]
bartender	**baarimestari**	[baːrimestari]
menu	**ruokalista**	[ruoka lista]
wine list	**viinilista**	[ʋiːini lista]
to book a table	**varata pöytä**	[ʋarata pøytæ]
course, dish	**ruoka**	[ruoka]
to order (meal)	**tilata**	[tilata]
to make an order	**tilata**	[tilata]
aperitif	**aperitiivi**	[aperitiːʋi]
appetizer	**alkupalat**	[alkupalat]
dessert	**jälkiruoka**	[jælkiruoka]
check	**lasku**	[lasku]
to pay the check	**maksaa lasku**	[maksaː lasku]
to give change	**antaa rahasta takaisin**	[antaː rahasta takajsin]
tip	**juomaraha**	[juomaraha]

50. Meals

food	ruoka	[ruoka]
to eat (vi, vt)	syödä	[syødæ]
breakfast	aamiainen	[a:miajnen]
to have breakfast	syödä aamiaista	[syødæ a:miajsta]
lunch	päivällinen	[pæjuællinen]
to have lunch	syödä päivällistä	[syødæ pæjuællistæ]
dinner	illallinen	[illallinen]
to have dinner	illastaa	[illasta:]
appetite	ruokahalu	[ruokahalu]
Enjoy your meal!	Hyvää ruokahalua!	[hyuæ: ruokahalua]
to open (~ a bottle)	avata	[auata]
to spill (liquid)	kaataa	[ka:ta:]
to spill out (vi)	kaatua	[ka:tua]
to boil (vi)	kiehua	[kiehua]
to boil (vt)	keittää	[kejttæ:]
boiled (~ water)	keitetty	[kejtetty]
to chill, cool down (vt)	jäähdyttää	[jæ:hdyttæ:]
to chill (vi)	jäähtyä	[jæ:htyæ]
taste, flavor	maku	[maku]
aftertaste	sivumaku	[siuumaku]
to be on a diet	olla dieetillä	[olla die:tiʌæ]
diet	dieetti	[die:ti]
vitamin	vitamiini	[uitami:ini]
calorie	kalori	[kalori]
vegetarian (n)	kasvissyöjä	[kasuissyøjæ]
vegetarian (adj)	kasvis-	[kasuis]
fats (nutrient)	rasvat	[rasuat]
proteins	valkuaisaineet	[ualku ajsajne:t]
carbohydrates	hiilihydraatit	[hi:ili hydra:tit]
slice (of lemon, ham)	viipale	[ui:ipale]
piece (of cake, pie)	pala	[pala]
crumb (of bread)	muru	[muru]

51. Cooked dishes

course, dish	ruoka	[ruoka]
cuisine	keittiö	[kejttiø]
recipe	resepti	[resepti]
portion	annos	[aŋos]
salad	salaatti	[sala:tti]

soup	keitto	[kejtto]
clear soup (broth)	liemi	[liemi]
sandwich (bread)	voileipä	[ʋoj lejpæ]
fried eggs	paistettu muna	[pɑjstettu munɑ]

cutlet (croquette)	kotletti	[kotletti]
hamburger (beefburger)	hampurilainen	[hɑmpurilɑjnen]
beefsteak	pihvi	[pihʋi]
stew	paisti	[pɑjsti]

side dish	lisäke	[lisæke]
spaghetti	spagetti	[spɑgetti]
mashed potatoes	perunasose	[perunɑ sose]
pizza	pizza	[pitsɑ]
porridge (oatmeal, etc.)	puuro	[pu:ro]
omelet	munakas	[munɑkɑs]

boiled (e.g., ~ beef)	keitetty	[kejtetty]
smoked (adj)	savustettu	[sɑʋustettu]
fried (adj)	paistettu	[pɑjstettu]
dried (adj)	kuivattu	[kujʋɑttu]
frozen (adj)	jäädytetty	[jæ:dytetty]
pickled (adj)	marinoitu	[mɑrinojtu]

sweet (sugary)	makea	[mɑkeɑ]
salty (adj)	suolainen	[suolɑjnen]
cold (adj)	kylmä	[kylmæ]
hot (adj)	kuuma	[ku:mɑ]
bitter (adj)	karvas	[kɑrʋɑs]
tasty (adj)	maukas	[mɑukɑs]

to cook in boiling water	keittää	[kejttæ:]
to cook (dinner)	laittaa ruokaa	[lɑjttɑ: ruokɑ:]
to fry (vt)	paistaa	[pɑjstɑ:]
to heat up (food)	lämmittää	[ʎæmmittæ:]

to salt (vt)	suolata	[suolɑtɑ]
to pepper (vt)	pippuroida	[pippurojdɑ]
to grate (vt)	raastaa	[rɑ:stɑ:]
peel (n)	kuori	[kuori]
to peel (vt)	kuoria	[kuoriɑ]

52. Food

meat	liha	[lihɑ]
chicken	kana	[kɑnɑ]
young chicken	kananpoika	[kɑnɑn pojkɑ]
duck	ankka	[ɑŋkkɑ]
goose	hanhi	[hɑnhi]
game	riista	[ri:istɑ]

turkey	kalkkuna	[kalkkuna]
pork	sianliha	[sian liha]
veal	vasikanliha	[ʋasikan liha]
lamb	lampaanliha	[lampa:n liha]
beef	naudanliha	[naudan liha]
rabbit	kaniini	[kani:ini]

sausage (salami, etc.)	makkara	[makkara]
vienna sausage	nakki	[nakki]
bacon	pekoni	[pekoni]
ham	kinkku	[kiŋkku]
gammon (ham)	kinkku	[kiŋkku]

pâté	tahna	[tahna]
liver	maksa	[maksa]
lard	silava	[silaʋa]
ground beef	jauheliha	[jauheliha]
tongue	kieli	[kieli]

egg	muna	[muna]
eggs	munat	[munat]
egg white	valkuainen	[ʋalkuajnen]
egg yolk	keltuainen	[keltuajnen]

fish	kala	[kala]
seafood	äyriäiset	[æyriæjset]
caviar	kaviaari	[kaʋia:ri]

crab	kuningasrapu	[kuniŋasrapu]
shrimp	katkarapu	[katkarapu]
oyster	osteri	[osteri]
spiny lobster	langusti	[laŋusti]
octopus	meritursas	[meritursas]
squid	kalmari	[kalmari]

sturgeon	sampi	[sampi]
salmon	lohi	[lohi]
halibut	pallas	[pallas]

cod	turska	[turska]
mackerel	makrilli	[makrilli]
tuna	tonnikala	[toɲikala]
eel	ankerias	[aŋkerias]

trout	lohi	[lohi]
sardine	sardiini	[sardi:ini]
pike	hauki	[hauki]
herring	silli	[silli]

bread	leipä	[lejpæ]
cheese	juusto	[ju:sto]
sugar	sokeri	[sokeri]

salt	suola	[suola]
rice	riisi	[riːisi]
pasta	makaronit	[makaronit]
noodles	nuudeli	[nuːdeli]

butter	voi	[ʋoj]
vegetable oil	kasviöljy	[kasʋi ølʰy]
sunflower oil	auringonkukkaöljy	[auriŋon kukka ølʰy]
margarine	margariini	[margariːini]

| olives | oliivit | [oliːiʋit] |
| olive oil | oliiviöljy | [oliːiʋi ølʰy] |

milk	maito	[majto]
condensed milk	maitotiiviste	[majto tiːiʋiste]
yogurt	jogurtti	[øgurtti]
sour cream	hapankerma	[hapan kerma]
cream (of milk)	kerma	[kerma]

| mayonnaise | majoneesi | [maøneːsi] |
| buttercream | kreemi | [kreːmi] |

cereal grain (wheat, etc.)	suurimot	[suːrimot]
flour	jauhot	[jauhot]
canned food	säilykkeet	[sæjlykkeːt]

cornflakes	maissimurot	[majssi murot]
honey	hunaja	[hunaja]
jam	hillo	[hillo]
chewing gum	purukumi	[purukumi]

53. Drinks

water	vesi	[ʋesi]
drinking water	juomavesi	[juomaʋesi]
mineral water	kivennäisvesi	[kiʋeŋæjs ʋesi]

still (adj)	ilman hiilihappoa	[ilman hiːili happoa]
carbonated (adj)	hiilihappovettä	[hiːili happoʋetta]
sparkling (adj)	hiilihappoinen	[hiːili happojnen]
ice	jää	[jæː]
with ice	jään kanssa	[jæːn kanssa]

non-alcoholic (adj)	alkoholiton	[alkoholiton]
soft drink	alkoholiton juoma	[alkoholiton juoma]
cool soft drink	virvoitusjuoma	[ʋirʋojtus juoma]
lemonade	limonaati	[limonaːti]

| liquor | alkoholijuomat | [alkoholi juomat] |
| wine | viini | [ʋiːini] |

| white wine | valkoviini | [ʋɑlko ʋiːini] |
| red wine | punaviini | [punɑ ʋiːini] |

liqueur	likööri	[likøːri]
champagne	samppanja	[sɑmppɑnʰjɑ]
vermouth	vermutti	[ʋermutti]

whisky	viski	[ʋiski]
vodka	viina	[ʋiːinɑ]
gin	gini	[gini]
cognac	konjakki	[konʰjɑkki]
rum	rommi	[rommi]

coffee	kahvi	[kɑhʋi]
black coffee	musta kahvi	[mustɑ kɑhʋi]
coffee with milk	maitokahvi	[mɑjto kɑhʋi]
cappuccino	kahvi kerman kera	[kɑhʋi kermɑn kerɑ]
instant coffee	murukahvi	[muru kɑhʋi]

milk	maito	[mɑjto]
cocktail	cocktail	[koktejl]
milk shake	pirtelö	[pirtelø]

juice	mehu	[mehu]
tomato juice	tomaattimehu	[tomɑːtti mehu]
orange juice	appelsiinimehu	[ɑppelsiːini mehu]
freshly squeezed juice	tuoremehu	[tuore mehu]

beer	olut	[olut]
light beer	vaalea olut	[ʋɑːleɑ olut]
dark beer	tumma olut	[tummɑ olut]

tea	tee	[teː]
black tea	musta tee	[mustɑ teː]
green tea	vihreä tee	[ʋihreæ teː]

54. Vegetables

| vegetables | vihannekset | [ʋihɑŋekset] |
| greens | kasvikset | [kɑsʋikset] |

tomato	tomaatti	[tomɑːtti]
cucumber	kurkku	[kurkku]
carrot	porkkana	[porkkɑnɑ]
potato	peruna	[perunɑ]
onion	sipuli	[sipuli]
garlic	valkosipuli	[ʋɑlko sipuli]

| cabbage | kaali | [kɑːli] |
| cauliflower | kukkakaali | [kukkɑkɑːli] |

| Brussels sprouts | brysselinkaali | [brysseliŋkɑ:li] |
| broccoli | brokkolikaali | [brokkoli kɑ:li] |

beetroot	punajuuri	[punɑju:ri]
eggplant	munakoiso	[munɑkojso]
zucchini	kesäkurpitsa	[kesækurpitsɑ]
pumpkin	kurpitsa	[kurpitsɑ]
turnip	nauris	[nɑuris]

parsley	persilja	[persilʰæ]
dill	tilli	[tilli]
lettuce	salaatti	[sɑlɑ:tti]
celery	selleri	[selleri]
asparagus	parsa	[pɑrsɑ]
spinach	pinaatti	[pinɑ:tti]

pea	herne	[herne]
beans	pavut	[pɑʋut]
corn (maize)	maissi	[mɑjssi]
kidney bean	pavut	[pɑʋut]

pepper	paprika	[pɑprikɑ]
radish	retiisi	[reti:isi]
artichoke	artisokka	[ɑrtisokkɑ]

55. Fruits. Nuts

fruit	hedelmä	[hedelmæ]
apple	omena	[omenɑ]
pear	päärynä	[pæ:ryɲæ]
lemon	sitruuna	[situ:nɑ]
orange	appelsiini	[ɑppelsi:ini]
strawberry	mansikka	[mɑnsikkɑ]

mandarin	mandariini	[mɑndɑri:ini]
plum	luumu	[lu:mu]
peach	persikka	[persikkɑ]
apricot	aprikoosi	[ɑpriko:si]
raspberry	vadelma	[ʋɑdelmɑ]
pineapple	ananas	[ɑnɑnɑs]

banana	banaani	[bɑnɑ:ni]
watermelon	vesimeloni	[ʋesi meloni]
grape	viinirypäleet	[ʋi:inirypæle:t]
sour cherry	hapankirsikka	[hɑpɑn kirsikkɑ]
sweet cherry	linnunkirsikka	[liɲun kirsikkɑ]
melon	meloni	[meloni]

| grapefruit | greippi | [grejppi] |
| avocado | avokado | [ɑʋokɑdo] |

papaya	papaija	[papaija]
mango	mango	[maŋo]
pomegranate	granaattiomena	[granaːtti omena]

redcurrant	punaherukka	[punaherukka]
blackcurrant	mustaherukka	[mustaherukka]
gooseberry	karviaiset	[karviajset]
bilberry	mustikka	[mustikka]
blackberry	vatukka	[vatukka]

raisin	rusinat	[rusinat]
fig	viikuna	[viːikuna]
date	taateli	[taːteli]

peanut	maapähkinä	[maːpæhkiɲæ]
almond	manteli	[manteli]
walnut	saksanpähkinä	[saksan pæhkiɲæ]
hazelnut	hasselpähkinä	[hassel pæhkiɲæ]
coconut	kookospähkinä	[koːkos pæhkiɲæ]
pistachios	pistaasi	[pistaːsi]

56. Bread. Candy

confectionery (pastry)	makeiset	[makejs et]
bread	leipä	[lejpæ]
cookies	keksit	[keksit]

chocolate (n)	suklaa	[suklaː]
chocolate (as adj)	suklaa-	[suklaː]
candy	karamelli	[karamelli]
cake (e.g., cupcake)	leivos	[lejvos]
cake (e.g., birthday ~)	kakku	[kakku]

pie (e.g., apple ~)	piirakka	[piːirakka]
filling (for cake, pie)	täyte	[tæyte]

whole fruit jam	hillo	[hillo]
marmalade	marmeladi	[marmeladi]
waffle	vohvelit	[vohvelit]
ice-cream	jäätelö	[jæːtelø]

57. Spices

salt	suola	[suola]
salty (adj)	suolainen	[suolajnen]
to salt (vt)	suolata	[suolata]
black pepper	musta pippuri	[musta pippuri]
red pepper	kuuma pippuri	[kuːma pippuri]

| mustard | sinappi | [sinɑppi] |
| horseradish | piparjuuri | [pipɑrʰjuːri] |

condiment	höyste	[høyste]
spice	mauste	[mɑuste]
sauce	kastike	[kɑstike]
vinegar	etikka	[etikkɑ]

anise	anis	[ɑnis]
basil	basilika	[bɑsilikɑ]
cloves	neilikka	[nejlikkɑ]
ginger	inkivääri	[iŋkiʋæːri]
coriander	korianteri	[koriɑnteri]
cinnamon	kaneli	[kɑneli]

sesame	seesami	[seːsɑmi]
bay leaf	laakerinlehti	[lɑːkerin lehti]
paprika	paprika	[pɑprikɑ]
caraway	kumina	[kuminɑ]
saffron	sahrami	[sɑhrɑmi]

PERSONAL INFORMATION. FAMILY

58. Personal information. Forms

name, first name	nimi	[nimi]
family name	sukunimi	[sukunimi]
date of birth	syntymäpäivä	[syntymæ pæjʋæ]
place of birth	syntymäpaikka	[syntymæ pɑjkkɑ]
nationality	kansallisuus	[kɑnsɑllisuːs]
place of residence	asuinpaikka	[ɑsujnpɑjkkɑ]
country	maa	[mɑː]
profession (occupation)	ammatti	[ɑmmɑtti]
gender, sex	sukupuoli	[sukupuoli]
height	pituus	[pituːs]
weight	paino	[pɑjno]

59. Family members. Relatives

mother	äiti	[æjti]
father	isä	[isæ]
son	poika	[pojkɑ]
daughter	tytär	[tytær]
younger daughter	nuorempi tytär	[nuorempi tytær]
younger son	nuorempi poika	[nuorempi pojkɑ]
eldest daughter	vanhempi tytär	[ʋɑnhempi tytær]
eldest son	vanhempi poika	[ʋɑnhempi pojkɑ]
brother	veli	[ʋeli]
sister	sisar	[sisɑr]
cousin (masc.)	serkku	[serkku]
cousin (fem.)	serkku	[serkku]
mom	äiti	[æjti]
dad, daddy	isä	[isæ]
parents	vanhemmat	[ʋɑnhemmɑt]
child	lapsi	[lɑpsi]
children	lapset	[lɑpset]
grandmother	isoäiti	[isoæjti]
grandfather	isoisä	[isoisæ]
grandson	lapsenlapsi	[lɑpsenlɑpsi]

| granddaughter | lapsenlapsi | [lapsenlapsi] |
| grandchildren | lastenlapset | [lasten lapset] |

uncle	setä	[setæ]
aunt	täti	[tæti]
nephew	veljenpoika	[ueʌæn pojka]
niece	sisarenpoika	[sisaren pojka]

mother-in-law (wife's mother)	anoppi	[anoppi]
father-in-law (husband's father)	appi	[appi]
son-in-law (daughter's husband)	vävy	[uæuy]
stepmother	äitipuoli	[æjtipuoli]
stepfather	isäpuoli	[isæpuoli]

infant	rintalapsi	[rintalapsi]
baby (infant)	vauva	[uauua]
little boy, kid	pienokainen	[pienokajnen]

wife	vaimo	[uajmo]
husband	mies	[mies]
spouse (husband)	aviomies	[auiomies]
spouse (wife)	aviovaimo	[auiouajmo]

married (masc.)	naimisissa oleva	[najmisissa oleua]
married (fem.)	naimisissa oleva	[najmisissa oleua]
single (unmarried)	naimaton	[najmaton]
bachelor	poikamies	[pojkamies]
divorced (masc.)	eronnut	[eroŋut]
widow	leski	[leski]
widower	leski	[leski]

relative	sukulainen	[sukulajnen]
close relative	lähisukulainen	[ʌæhi sukulajnen]
distant relative	kaukainen sukulainen	[kaukajnen sukulajnen]
relatives	omanlaiset	[omanlajset]

orphan (boy or girl)	orpo	[orpo]
guardian (of minor)	holhooja	[holho:ja]
to adopt (a boy)	ottaa pojaksi	[otta: pojaksi]
to adopt (a girl)	ottaa tyttäreksi	[otta: tyttæreksi]

60. Friends. Coworkers

friend (masc.)	ystävä	[ystæuæ]
friend (fem.)	ystävätär	[ystæuætær]
friendship	ystävyys	[ystæuy:s]
to be friends	olla ystäviä keskenään	[olla ystæuiæ keskenæ:n]

buddy (masc.)	kaveri	[kɑʋeri]
buddy (fem.)	kaveri	[kɑʋeri]
partner	partneri	[pɑrtneri]

chief (boss)	esimies	[esimies]
superior	päällikkö	[pæː likkø]
subordinate	alainen	[ɑlɑjnen]
colleague	virkatoveri	[ʋirkɑ toʋeri]

acquaintance (person)	tuttava	[tuttɑʋɑ]
fellow traveler	matkakumppani	[mɑtkɑ kumppɑni]
classmate	luokkatoveri	[luokkɑ toʋeri]

neighbor (masc.)	naapuri	[nɑː puri]
neighbor (fem.)	naapuri	[nɑː puri]
neighbors	naapurit	[nɑː purit]

HUMAN BODY. MEDICINE

61. Head

head	**pää**	[pæ:]
face	**kasvot**	[kasʋot]
nose	**nenä**	[neŋæ]
mouth	**suu**	[su:]
eye	**silmä**	[silmæ]
eyes	**silmät**	[silmæt]
pupil	**silmäterä**	[silmæteræ]
eyebrow	**kulmakarva**	[kulmakarʋa]
eyelash	**ripsi**	[ripsi]
eyelid	**silmäluomi**	[silmæluomi]
tongue	**kieli**	[kieli]
tooth	**hammas**	[hammɑs]
lips	**huulet**	[hu:let]
cheekbones	**poskipäät**	[poski:pæ:t]
gum	**ien**	[ien]
palate	**kitalaki**	[kitɑlɑki]
nostrils	**sieraimet**	[sierɑjmet]
chin	**leuka**	[leukɑ]
jaw	**leukaluu**	[leukɑlu:]
cheek	**poski**	[poski]
forehead	**otsa**	[otsɑ]
temple	**ohimo**	[ohimo]
ear	**korva**	[korʋɑ]
back of the head	**niska**	[niskɑ]
neck	**kaula**	[kɑulɑ]
throat	**kurkku**	[kurkku]
hair	**hiukset**	[hiukset]
hairstyle	**kampaus**	[kɑmpɑus]
haircut	**kampaus**	[kɑmpɑus]
wig	**tekotukka**	[teko tukkɑ]
mustache	**viikset**	[ʋi:ikset]
beard	**parta**	[pɑrtɑ]
to have (a beard, etc.)	**hänellä on parta**	[hæneʎæ on pɑrtɑ]
braid	**letti**	[letti]
sideburns	**poskiparta**	[poskipɑrtɑ]
red-haired (adj)	**punatukkainen**	[punɑ tukkɑjnen]

gray (hair)	harmaatukkainen	[harma:tukkajnen]
bald (adj)	kaljupäinen	[kalʰjupæjnen]
bald patch	kalju	[kalʰju]

| ponytail | poninhäntä | [poninhæntæ] |
| bangs | otsatukka | [otsatukka] |

62. Human body

| hand | käsi | [kæsi] |
| arm | käsivarsi | [kæsiʋarssi] |

toe	varvas	[ʋarʋas]
thumb	peukalo	[peukalo]
little finger	pikkusormi	[pikkusormi]
nail	kynsi	[kynsi]

fist	nyrkki	[nyrkki]
palm	kämmen	[kæmmen]
wrist	ranne	[raŋe]
forearm	kyynärvarsi	[ky:ɲærʋarsi]

| elbow | kyynärpää | [ky:ɲærpæ:] |
| shoulder | hartia | [hartia] |

leg	jalka	[jalka]
foot	jalkaterä	[jalkateræ]
knee	polvi	[polʋi]
calf (part of leg)	pohje	[pohʰje]

| hip | reisi | [rejsi] |
| heel | kantapää | [kantapæ:] |

body	vartalo	[ʋartalo]
stomach	maha	[maha]
chest	rinta	[rinta]
breast	povi	[poʋi]
flank	kylki	[kylki]
back	selkä	[selkæ]

| lower back | ristiselkä | [ristiselkæ] |
| waist | vyötärö | [ʋyøtærø] |

navel	napa	[napa]
buttocks	pakarat	[pakarat]
bottom	takapuoli	[takapuoli]

beauty mark	luomi	[luomi]
tattoo	tatuointi	[tatuojnti]
scar	arpi	[arpi]

63. Diseases

sickness	sairaus	[sɑjrɑus]
to be sick	sairastaa	[sɑjrɑstɑ:]
health	terveys	[terʋeys]
runny nose (coryza)	nuha	[nuhɑ]
angina	angiina	[ɑŋi:inɑ]
cold (illness)	vilustus	[ʋilustus]
to catch a cold	vilustua	[ʋilustuɑ]
bronchitis	keuhkokatarri	[keuhko kɑtɑrri]
pneumonia	keuhkotulehdus	[keuhko tulehdus]
flu, influenza	influenssa	[influenssɑ]
near-sighted (adj)	likinäköinen	[likiŋækøjnen]
far-sighted (adj)	pitkänäköinen	[pitkæŋækøjnen]
strabismus (crossed eyes)	kierosilmäisyys	[kiero silmæjsy:s]
cross-eyed (adj)	kiero	[kiero]
cataract	harmaakaihi	[hɑrmɑ:kɑjhi]
glaucoma	silmänpainetauti	[silmæn pɑjne tɑuti]
stroke	insultti	[insultti]
heart attack	infarkti	[infɑrkti]
myocardial infarction	sydäninfarkti	[sydæn infɑrkti]
paralysis	halvaus	[hɑlʋɑus]
to paralyze (vt)	halvauttaa	[hɑlʋɑutta:]
allergy	allergia	[ɑllergi:ɑ]
asthma	astma	[ɑstmɑ]
diabetes	sokeritauti	[sokeritɑuti]
toothache	hammassärky	[hɑmmɑs særky]
caries	hammasmätä	[hɑmmɑs mætæ]
diarrhea	ripuli	[ripuli]
constipation	ummetus	[ummetus]
stomach upset	vatsavaiva	[ʋɑtsɑʋɑjʋɑ]
food poisoning	myrkytys	[myrkytys]
to have a food poisoning	saada myrkytys	[sɑ:dɑ myrkytys]
arthritis	niveltulehdus	[niʋeltulehdus]
rickets	riisitauti	[ri:isitɑti]
rheumatism	reuma	[reumɑ]
atherosclerosis	aeroskleroosi	[ɑterosklero:si]
gastritis	mahakatarri	[mɑhɑkɑtɑrri]
appendicitis	umpilisäketulehdus	[umpilisæke tulehdus]
cholecystitis	sappirakon tulehdus	[sɑppirɑkon tulehdus]
ulcer	haava	[hɑ:ʋɑ]
measles	tuhkarokko	[tuhkɑrokko]

German measles	vihurirokko	[ʋihurirokko]
jaundice	keltatauti	[keltɑtɑuti]
hepatitis	hepatiitti	[hepɑtiːitti]

schizophrenia	jakomielisyys	[jɑkomielisyːs]
rabies (hydrophobia)	raivotauti	[rɑjʋotɑuti]
neurosis	neuroosi	[neuroːsi]
concussion	aivotärähdys	[ɑjʋotæræhdys]

cancer	syöpä	[syøpæ]
sclerosis	skleroosi	[skleroːsi]
multiple sclerosis	hajaskleroosi	[hɑjɑskleroːsi]

alcoholism	alkoholismi	[ɑlkoholismi]
alcoholic (n)	alkoholisti	[ɑlkoholisti]
syphilis	kuppa	[kuppɑ]
AIDS	AIDS	[ɑjds]

tumor	kasvain	[kɑsʋɑjn]
malignant (adj)	pahanlaatuinen	[pɑhɑn lɑːjtunen]
benign (adj)	hyvänlaatuinen	[hyʋænlɑːtunen]

fever	kuume	[kuːme]
malaria	malaria	[mɑlɑriɑ]
gangrene	kuolio	[kuolio]
seasickness	merisairaus	[merisɑjrɑus]
epilepsy	epilepsia	[epilepsiɑ]

epidemic	epidemia	[epidemiɑ]
typhus	lavantauti	[lɑʋɑntɑuti]
tuberculosis	tuberkuloosi	[tuberkuloːsi]
cholera	kolera	[kolerɑ]
plague (bubonic ~)	rutto	[rutto]

64. Symptoms. Treatments. Part 1

symptom	oire	[ojre]
temperature	kuume	[kuːme]
high temperature	korkea kuume	[korkeɑ kuːme]
pulse	syke	[syke]

giddiness	pyörrytys	[pyørrytys]
hot (adj)	kuuma	[kuːmɑ]
shivering	vilunväristys	[ʋilun ʋæristys]
pale (e.g., ~ face)	kalpea	[kɑlpeɑ]

cough	yskä	[yskæ]
to cough (vi)	yskiä	[yskiæ]
to sneeze (vi)	aivastella	[ɑjʋɑstellɑ]
faint	pyörtyminen	[pyørtyminen]

to faint (vi)	pyörtyä	[pyørtyæ]
bruise (hématome)	mustelma	[mustelma]
bump (lump)	kuhmu	[kuhmu]
to bruise oneself	törmätä	[tørmætæ]
bruise (contusion)	vamma	[vamma]
to get bruised	loukkaantua	[loukka:ntua]
to limp (vi)	ontua	[ontua]
dislocation	niukahdus	[niukahdus]
to dislocate (vt)	niukahtaa	[niukahta:]
fracture	murtuma	[murtuma]
to have a fracture	saada murtuma	[sa:da murtuma]
cut (e.g., paper ~)	leikkaushaava	[lejkkaus ha:va]
to cut oneself	saada haava leikkaamalla	[sa:da ha:va lejkka:malla]
bleeding	verenvuoto	[verenvuoto]
burn (injury)	palohaava	[paloha:va]
to scald oneself	polttaa itse	[poltta: itse]
to prick (vt)	pistää	[pistæ:]
to prick oneself	pistää itseä	[pistæ: itseæ]
to injure (vt)	vahingoittaa	[vahiŋojtta:]
injury	vaurio	[vaurio]
wound	haava	[ha:va]
trauma	vamma	[vamma]
to be delirious	hourailla	[hourajlla]
to stutter (vi)	änkyttää	[æŋkyttæ:]
sunstroke	auringonpistos	[auriŋon pistos]

65. Symptoms. Treatments. Part 2

pain	kipu	[kipu]
splinter (in foot, etc.)	tikku	[tikku]
sweat (perspiration)	hiki	[hiki]
to sweat (perspire)	hikoilla	[hikojlla]
vomiting	oksennus	[okseŋus]
convulsions	kouristukset	[kouristukset]
pregnant (adj)	raskaana oleva	[raska:na oleva]
to be born	syntyä	[syntyæ]
delivery, labor	synnytys	[syŋytys]
to deliver (~ a baby)	synnyttää	[syŋyttæ:]
abortion	raskaudenkeskeytys	[raskauden keskeytys]
breathing, respiration	hengitys	[heŋitys]
inhalation	sisäänhengitys	[sisæ:n heŋitys]

exhalation	uloshengitys	[ulosheŋitys]
to exhale (vi)	hengittää ulos	[heŋittæ: ulos]
to inhale (vi)	vetää henkeä	[ʋetæ: heŋkeæ]

disabled person	invalidi	[inʋalidi]
cripple	raajarikko	[ra:jarikko]
drug addict	narkomaani	[narkoma:ni]

deaf (adj)	kuuro	[ku:ro]
dumb, mute	mykkä	[mykkæ]
deaf-and-dumb (adj)	kuuromykkä	[ku:ro mykkæ]

mad, insane (adj)	mielenvikainen	[mielen ʋikajnen]
madman	hullu	[hullu]
madwoman	hullu	[hullu]
to go insane	tulla hulluksi	[tulla hulluksi]

gene	geeni	[ge:ni]
immunity	immuniteetti	[immunite:tti]
hereditary (adj)	perintö-	[perintø]
congenital (adj)	synnynnäinen	[syŋyŋæjnen]

virus	virus	[ʋirus]
microbe	mikrobi	[mikrobi]
bacterium	bakteeri	[bakte:ri]
infection	tartunta	[tartunta]

66. Symptoms. Treatments. Part 3

| hospital | sairaala | [sajra:la] |
| patient | potilas | [potilas] |

diagnosis	diagnoosi	[diagno:si]
cure	lääkintä	[læ:kintæ]
medical treatment	hoito	[hojto]
to get treatment	saada hoitoa	[sa:da hojtoa]
to treat (vt)	hoitaa	[hojta:]
to nurse (look after)	hoitaa	[hojta:]
care (nursing ~)	hoito	[hojto]

operation, surgery	leikkaus	[lejkkaus]
to bandage (head, limb)	sitoa	[sitoa]
bandaging	sidonta	[sidonta]

vaccination	rokotus	[rokotus]
to vaccinate (vt)	rokottaa	[rokotta:]
injection, shot	pisto	[pisto]
to give an injection	tehdä pisto	[tehdæ pisto]
attack	kohtaus	[kohtaus]
amputation	amputaatio	[amputa:tio]

to amputate (vt)	amputoida	[amputojda]
coma	kooma	[ko:ma]
to be in a coma	olla koomassa	[olla ko:massa]
intensive care	hoitokoti	[hojtokoti]

to recover (~ from flu)	parantua	[parantua]
state (patient's ~)	terveydentila	[terveyden tila]
consciousness	tajunta	[tajunta]
memory (faculty)	muisti	[mujsti]

to extract (tooth)	poistaa	[pojsta:]
filling	täyte	[tæyte]
to fill (a tooth)	paikata	[pajkata]

| hypnosis | hypnoosi | [hypno:si] |
| to hypnotize (vt) | hypnotisoida | [hypnotisojda] |

67. Medicine. Drugs. Accessories

medicine, drug	lääke	[læ:ke]
remedy	lääke	[læ:ke]
prescription	resepti	[resepti]

tablet, pill	tabletti	[tabletti]
ointment	voide	[vojde]
ampule	ampulli	[ampulli]
mixture	mikstuura	[mikstu:ra]
syrup	siirappi	[si:irappi]
pill	pilleri	[pilleri]
powder	jauhe	[jauhe]

bandage	side	[side]
cotton wool	vanu	[vanu]
iodine	jodi	[ødi]

Band-Aid	laastari	[la:stari]
eyedropper	pipetti	[pipetti]
thermometer	kuumemittari	[ku:me mittari]
syringe	ruisku	[rujsku]

| wheelchair | pyörätuoli | [pyøræ tuoli] |
| crutches | kainalosauvat | [kajnalo sauvat] |

painkiller	puudutusaine	[pu:dutus ajne]
laxative	ulostuslääke	[ulostuslæ:ke]
spirit (ethanol)	sprii	[spri:i]
medicinal herbs	yrtti	[yrtti]
herbal (~ tea)	yrtti-	[yrtti]

APARTMENT

68. Apartment

apartment	asunto	[asunto]
room	huone	[huone]
bedroom	makuuhuone	[maku: huone]
dining room	ruokailuhuone	[ruokajlu huone]
living room	vierashuone	[vieras huone]
study (home office)	työhuone	[tyøhuone]
entry room	eteinen	[etejnen]
bathroom	kylpyhuone	[kylpyhuone]
half bath	vessa	[vessa]
ceiling	katto	[katto]
floor	lattia	[lattia]
corner	nurkka	[nurkka]

69. Furniture. Interior

furniture	huonekalut	[huonekalut]
table	pöytä	[pøytæ]
chair	tuoli	[tuoli]
bed	sänky	[sæŋky]
couch, sofa	sohva	[sohua]
armchair	nojatuoli	[nojatuoli]
bookcase	kaappi	[ka:ppi]
shelf	hylly	[hylly]
set of shelves	hyllykkö	[hyllykkø]
wardrobe	vaatekaappi	[va:te ka:ppi]
coat rack	ripustin	[ripustin]
coat stand	naulakko	[naulakko]
dresser	lipasto	[lipasto]
coffee table	sohvapöytä	[sohuapøjtæ]
mirror	peili	[pejli]
carpet	matto	[matto]
rug, small carpet	pieni matto	[pjeni matto]
fireplace	takka	[takka]
candle	kynttilä	[kynttiʎæ]

candlestick	kynttilänjalka	[kynttiʌænjɑlkɑ]
drapes	kaihtimet	[kɑjhtimet]
wallpaper	tapetit	[tɑpetit]
blinds (jalousie)	rullaverhot	[rulle ʋerhot]

table lamp	pöytälamppu	[pøytæ lɑmppu]
wall lamp (sconce)	seinävalaisin	[sejnɑ ʋɑlɑjsin]
floor lamp	lattialamppu	[lɑttiɑ lɑmppu]
chandelier	kattokruunu	[kɑttokru:nu]

leg (of chair, table)	jalka	[jɑlkɑ]
armrest	käsinoja	[kæsinojɑ]
back (backrest)	selkänoja	[selkænojɑ]
drawer	laatikko	[lɑ:tikko]

70. Bedding

bedclothes	vuodevaatteet	[ʋuodeʋɑ:tte:t]
pillow	tyyny	[ty:ny]
pillowcase	tyynyliina	[ty:ny li:inɑ]
blanket (comforter)	vuodepeite	[ʋuodepejte]
sheet	lakana	[lɑkɑnɑ]
bedspread	peite	[pejte]

71. Kitchen

kitchen	keittiö	[kejttiø]
gas	kaasu	[kɑ:su]
gas cooker	kaasuliesi	[kɑ:su liesi]
electric cooker	sähköhella	[sæhkø hellɑ]
oven	paistinuuni	[pɑjstinu:ni]
microwave oven	mikroaaltouuni	[mikro ɑ:lto u:ni]

refrigerator	jääkaappi	[jæ:kɑ:ppi]
freezer	pakastin	[pɑkɑstin]
dishwasher	astianpesukone	[ɑstiɑnpesukone]

meat grinder	lihamylly	[lihɑmylly]
juicer	mehunpuristin	[mehun puristin]
toaster	leivänpaahdin	[lejʋæn pɑ:hdin]
mixer	sekoitin	[sekojtin]

coffee maker	kahvinkeitin	[kɑhʋiŋkejtin]
coffee pot	kahvipannu	[kɑhʋipɑŋu]
coffee grinder	kahvimylly	[kɑhʋimylly]

| kettle | teepannu | [te:pɑŋu] |
| teapot | teekannu | [te:kɑŋu] |

| lid | kansi | [kɑnsi] |
| tea strainer | teesiivilä | [teːsiːiʋiʌæ] |

spoon	lusikka	[lusikkɑ]
teaspoon	teelusikka	[teː lusikkɑ]
tablespoon	ruokalusikka	[ruokɑ lusikkɑ]
fork	haarukka	[hɑːrukkɑ]
knife	veitsi	[ʋejtsi]

tableware (dishes)	astiat	[ɑstiɑt]
plate (dinner ~)	lautanen	[lautɑnen]
saucer	teevati	[teːʋɑti]

shot glass	pikari	[pikɑri]
glass (~ of water)	lasi	[lɑsi]
cup	kuppi	[kuppi]

sugar bowl	sokeriastia	[sokeriɑstiɑ]
salt shaker	suola-astia	[suolɑ ɑstiɑ]
pepper shaker	pippuriastia	[pippuriɑstiɑ]
butter dish	voiastia	[ʋojɑstiɑ]

saucepan	kasari	[kɑsɑri]
frying pan	pannu	[pɑŋu]
ladle	liemikauha	[liemikɑuhɑ]
colander	lävikkö	[ʌæʋikkø]
tray	tarjotin	[tɑrʰøtin]

bottle	pullo	[pullo]
jar (glass)	lasitölkki	[lɑsitølkki]
can	peltitölkki	[peltitølkki]

bottle opener	pullonavaaja	[pullonɑʋɑːjæ]
can opener	purkinavaaja	[purkinɑʋɑːjæ]
corkscrew	korkkiruuvi	[korkkiruːʋi]
filter	suodatin	[suodɑtin]
to filter (vt)	suodattaa	[suodɑttɑː]

| trash | jätteet | [jætteːt] |
| trash can | roskasanko | [roskɑsɑŋko] |

72. Bathroom

bathroom	kylpyhuone	[kylpyhuone]
water	vesi	[ʋesi]
tap, faucet	hana	[hɑnɑ]
hot water	kuuma vesi	[kuːmɑ ʋesi]
cold water	kylmä vesi	[kylmæ ʋesi]
toothpaste	hammastahna	[hɑmmɑs tɑhnɑ]
to brush one's teeth	harjata hampaita	[hɑrʰjɑtɑ hɑmpɑjtɑ]

to shave (vi)	**ajaa parta**	[ɑjɑ: pɑrtɑ:]
shaving foam	**partavaahdoke**	[pɑrtɑʋɑ:hdoke]
razor	**partaveitsi**	[pɑrtɑʋejtsi]
to wash (one's hands, etc.)	**pestä**	[pestæ]
to take a bath	**peseytyä**	[peseytyæ]
shower	**suihku**	[sujhku]
to take a shower	**käydä suihkussa**	[kæydæ suihkussɑ]
bathtub	**amme**	[ɑmme]
toilet (toilet bowl)	**vessanpönttö**	[ʋessɑnpønttø]
sink (washbasin)	**pesuallas**	[pesuɑllɑs]
soap	**saippua**	[sɑjppuɑ]
soap dish	**saippuakotelo**	[sɑjppuɑ kotelo]
sponge	**pesusieni**	[pesusieni]
shampoo	**sampoo**	[sɑmpo:]
towel	**pyyhe**	[py:he]
bathrobe	**froteinen aamutakki**	[frotejnen ɑ:mutɑkki]
laundry (process)	**pyykin pesu**	[py:kin pesu]
washing machine	**pesukone**	[pesu kone]
to do the laundry	**pestä pyykkiä**	[pestæ py:kkiæ]
laundry detergent	**pesujauhe**	[pesujɑuhe]

73. Household appliances

TV set	**televisio**	[teleʋisio]
tape recorder	**nauhuri**	[nɑuhuri]
video, VCR	**videonauhuri**	[ʋideonɑuhuri]
radio	**vastaanotin**	[ʋɑstɑ:notin]
player (CD, MP3, etc.)	**korvalappustereot**	[korʋɑlɑppustereot]
video projector	**videoheitin**	[ʋideohejtin]
home movie theater	**kotiteatteri**	[kotiteɑtteri]
DVD player	**DVD-soitin**	[deʋede sojtin]
amplifier	**vahvistin**	[ʋɑhʋistin]
video game console	**pelikonsoli**	[pelikonsoli]
video camera	**videokamera**	[ʋideokɑmerɑ]
camera (photo)	**kamera**	[kɑmerɑ]
digital camera	**digitaalikamera**	[digitɑ:li kɑmerɑ]
vacuum cleaner	**pölynimuri**	[pølynimuri]
iron (e.g., steam ~)	**silitysrauta**	[silitys rɑutɑ]
ironing board	**silityslauta**	[silitys lɑutɑ]
telephone	**puhelin**	[puhelin]
mobile phone	**matkapuhelin**	[mɑtkɑ puhelin]

typewriter	**kirjoituskone**	[kirⁿøjtus kone]
sewing machine	**ompelukone**	[ompelu kone]
microphone	**mikrofoni**	[mikrofoni]
headphones	**kuulokkeet**	[ku:lokke:t]
remote control (TV)	**kaukosäädin**	[kɑukosæ:din]
CD, compact disc	**CD-levy**	[sede leʋy]
cassette	**kasetti**	[kɑsetti]
vinyl record	**levy**	[leʋy]

THE EARTH. WEATHER

74. Outer space

cosmos	**avaruus**	[ɑʋɑruːs]
space (as adj)	**avaruus-**	[ɑʋɑruːs]
outer space	**avaruus**	[ɑʋɑruːs]
world	**maailma**	[mɑːilmɑ]
universe	**maailmankaikkeus**	[mɑːilmɑn kɑjkkeus]
galaxy	**galaksi**	[gɑlɑksi]
star	**tähti**	[tæhti]
constellation	**tähtikuvio**	[tæhtikuʋio]
planet	**planeetta**	[plɑneːttɑ]
satellite	**satelliitti**	[sɑtelliːitti]
meteorite	**meteoriitti**	[meteoriːitti]
comet	**pyrstötähti**	[pyrstøtæhti]
asteroid	**asteroidi**	[ɑsterojdi]
orbit	**kiertorata**	[kiertorɑtɑ]
to revolve (~ around the Earth)	**kiertää**	[kærtæː]
atmosphere	**ilmakehä**	[ilmɑkeɦæ]
the Sun	**Aurinko**	[auriŋko]
solar system	**Aurinkokunta**	[auriŋko kuntɑ]
solar eclipse	**auringonpimennys**	[auriŋon pimeŋys]
the Earth	**Maa**	[mɑː]
the Moon	**Kuu**	[kuː]
Mars	**Mars**	[mɑrs]
Venus	**Venus**	[ʋenus]
Jupiter	**Jupiter**	[jupiter]
Saturn	**Saturnus**	[sɑturnus]
Mercury	**Merkurius**	[merkurius]
Uranus	**Uranus**	[urɑnus]
Neptune	**Neptunus**	[neptunus]
Pluto	**Pluto**	[pluto]
Milky Way	**Linnunrata**	[liŋunrɑtɑ]
Great Bear	**Otava**	[otɑʋɑ]
North Star	**Pohjantähti**	[pohʲjantæhti]
Martian	**marsilainen**	[mɑrsilɑjnen]

extraterrestrial (n)	avaruusolio	[avaru:soʎo]
alien	humanoidi	[humanojdi]
flying saucer	lentävä lautanen	[lentæuæ lautanen]

spaceship	avaruusalus	[avaru:salus]
space station	avaruusasema	[avaru:sasema]
blast-off	startti	[startti]

engine	moottori	[mo:ttori]
nozzle	suutin	[su:tin]
fuel	polttoaine	[polttoajne]

cockpit, flight deck	hytti	[hytti]
antenna	antenni	[anteŋi]
porthole	ikkuna	[ikkuna]
solar battery	aurinkokennosto	[auriŋkokeŋosto]
spacesuit	avaruuspuku	[avaru:spuku]

| weightlessness | painottomuus | [pajnottomu:s] |
| oxygen | happi | [happi] |

| docking (in space) | telakointi | [telakojnti] |
| to dock (vi, vt) | tehdä telakointi | [tehdæ telakojnti] |

observatory	observatorio	[obseruatorio]
telescope	teleskooppi	[telesko:ppi]
to observe (vt)	seurata	[seurata]
to explore (vt)	tutkia	[tutkia]

75. The Earth

the Earth	Maa	[ma:]
globe (the Earth)	maapallo	[ma:pallo]
planet	planeetta	[plane:tta]

atmosphere	ilmakehä	[ilmakeɦæ]
geography	maantiede	[ma:ntiede]
nature	luonto	[luonto]

globe (table ~)	karttapallo	[karttapallo]
map	kartta	[kartta]
atlas	atlas	[atlas]

Europe	Eurooppa	[euro:ppa]
Asia	Aasia	[a:sia]
Africa	Afrikka	[afrikka]
Australia	Australia	[australia]

| America | Amerikka | [amerikka] |
| North America | Pohjois-Amerikka | [pohʰøjs amerikka] |

South America	Etelä-Amerikka	[eteʎæ amerikka]
Antarctica	Etelämanner	[eteʎæmaɲer]
the Arctic	Arktis	[arktis]

76. Cardinal directions

north	pohjola	[pohʰøla]
to the north	pohjoiseen	[pohʰøjse:n]
in the north	pohjoisessa	[pohʰøjsessa]
northern (adj)	pohjoinen	[pohʰøjnen]

south	etelä	[eteʎæ]
to the south	etelään	[etelæ:n]
in the south	etelässä	[eteʎæssæ]
southern (adj)	eteläinen	[eteʎæjnen]

west	länsi	[ʎænsi]
to the west	länteen	[ʎænte:n]
in the west	lännessä	[ʎæɲessæ]
western (adj)	läntinen	[ʎæntinen]

east	itä	[itæ]
to the east	itään	[itæ:n]
in the east	idässä	[idæssæ]
eastern (adj)	itäinen	[itæjnen]

77. Sea. Ocean

sea	meri	[meri]
ocean	valtameri	[ʋaltameri]
gulf (bay)	lahti	[lahti]
straits	salmi	[salmi]

solid ground	maa	[ma:]
continent (mainland)	manner	[maɲer]
island	saari	[sa:ri]
peninsula	niemimaa	[niemima:]
archipelago	saaristo	[sa:risto]

bay, cove	poukama	[poukama]
harbor	satama	[satama]
lagoon	laguuni	[lagu:ni]
cape	niemi	[niemi]

atoll	atolli	[atolli]
reef	riutta	[riutta]
coral	koralli	[koralli]
coral reef	koralliriutta	[koralli riutta]

deep (adj)	syvä	[syʋæ]
depth (deep water)	syvyys	[syʋy:s]
abyss	kuilu	[kujlu]
trench (e.g., Mariana ~)	vajoama	[ʋaøama]

| current, stream | virta | [ʋirta] |
| to surround (bathe) | huuhdella | [hu:hdella] |

| shore | merenranta | [merenranta] |
| coast | rannikko | [raŋikko] |

high tide	vuoksi	[ʋuoksi]
low tide	pakovesi	[pakoʋesi]
sandbank	matalikko	[matalikko]
bottom	pohja	[pohʰja]

wave	aalto	[a:lto]
crest (~ of a wave)	aallonharja	[a:llonharʰja]
froth (foam)	vaahto	[ʋa:hto]

storm	myrsky	[myrsky]
hurricane	hirmumyrsky	[hirmumyrsky]
tsunami	tsunami	[ʦunami]
calm (dead ~)	tyyni	[ty:yni]
quiet, calm (adj)	rauhallinen	[rauhallinen]

| pole | napa | [napa] |
| polar (adj) | napa | [napa] |

latitude	leveys	[leʋeys]
longitude	pituus	[pitu:s]
parallel	leveyspiiri	[leʋeyspi:iri]
equator	päiväntasaaja	[pæjʋæntasa:ja]

sky	taivas	[tajʋas]
horizon	taivaanranta	[tajʋa:nranta]
air	ilma	[ilma]

lighthouse	majakka	[majakka]
to dive (vi)	sukeltaa	[sukelta:]
to sink (ab. boat)	upota	[upota]
treasures	aarteet	[a:rte:t]

78. Seas' and Oceans' names

Atlantic Ocean	Atlantin valtameri	[atlantin ʋalta meri]
Indian Ocean	Intian valtameri	[intian ʋalta meri]
Pacific Ocean	Tyynimeri	[ty:ni meri]
Arctic Ocean	Pohjoinen jäämeri	[pohʰøjnen jæ: meri]
Black Sea	Mustameri	[musta meri]

Red Sea	Punainenmeri	[punɑjnen meri]
Yellow Sea	Keltainenmeri	[keltɑjnen meri]
White Sea	Vienanmeri	[ʋjenɑnmeri]

Caspian Sea	Kaspianmeri	[kɑspiɑn meri]
Dead Sea	Kuollutmeri	[kuollut meri]
Mediterranean Sea	Välimeri	[ʋæli meri]

| Aegean Sea | Egeanmeri | [egeɑn meri] |
| Adriatic Sea | Adrianmeri | [ɑdriɑn meri] |

Arabian Sea	Arabianmeri	[ɑrɑbiɑn meri]
Sea of Japan	Japaninmeri	[jɑpɑnin meri]
Bering Sea	Beringinmeri	[beriŋin meri]
South China Sea	Etelä-Kiinan meri	[eteʌæ kiːinɑn meri]

Coral Sea	Korallimeri	[korɑlli meri]
Tasman Sea	Tasmaninmeri	[tɑsmɑnin meri]
Caribbean Sea	Karibianmeri	[kɑribiɑn meri]

| Barents Sea | Barentsinmeri | [bɑrentsin meri] |
| Kara Sea | Karanmeri | [kɑrɑn meri] |

North Sea	Pohjanmeri	[pohʰjɑn meri]
Baltic Sea	Itämeri	[itæ meri]
Norwegian Sea	Norjanmeri	[norʰjɑn meri]

79. Mountains

mountain	vuori	[ʋuori]
mountain range	vuorijono	[ʋuoriøno]
mountain ridge	vuorenharjanne	[ʋuoren harʰjɑŋe]

summit, top	huippu	[hujppu]
peak	vuorenhuippu	[ʋuorenhujppu]
foot (of mountain)	juuri	[juːri]
slope (mountainside)	rinne	[riŋe]

volcano	tulivuori	[tuliʋuori]
active volcano	toimiva tulivuori	[tojmiʋɑ tuliʋuori]
dormant volcano	sammunut tulivuori	[sɑmmunut tuliʋuori]

eruption	purkaus	[purkɑus]
crater	kraatteri	[krɑːteri]
magma	magma	[mɑgmɑ]
lava	laava	[lɑːʋɑ]
molten (~ lava)	hehkuva	[hehkuʋɑ]

| canyon | rotko | [rotko] |
| gorge | rotko | [rotko] |

crevice	halkeama	[halkeama]
pass, col	sola	[sola]
plateau	ylätasanko	[yʌætasaŋko]
cliff	kallio	[kallio]
hill	mäki	[mæki]

glacier	jäätikkö	[jæ:tikkø]
waterfall	vesiputous	[ʋesiputous]
geyser	geisir	[gejsir]
lake	järvi	[jærʋi]

plain	tasanko	[tasaŋko]
landscape	maisema	[majsema]
echo	kaiku	[kajku]

alpinist	vuorikiipeilijä	[ʋuoriki:ipejlijæ]
rock climber	vuorikiipeilijä	[ʋuoriki:ipejlijæ]
to conquer (in climbing)	valloittaa	[ʋallojtta:]
climb (an easy ~)	nousu	[nousu]

80. Mountains names

Alps	Alpit	[alpit]
Mont Blanc	Mont Blanc	[mont blaŋk]
Pyrenees	Pyreneet	[pyrine:t]

Carpathians	Karpaatit	[karpa:tit]
Ural Mountains	Ural	[ural]
Caucasus	Kaukasus	[kaukasus]
Elbrus	Elbrus	[elbrus]

Altai	Altai	[altaj]
Tien Shan	Tianshan	[tian ʃan]
Pamir Mountains	Pamir	[pamir]
Himalayas	Himalaja	[himalaja]
Everest	Mount Everest	[maunt eʋerest]

Andes	Andit	[andit]
Kilimanjaro	Kilimanjaro	[kilimanʰjaro]

81. Rivers

river	joki	[øki]
spring (natural source)	lähde	[ʌæhde]
riverbed	uoma	[uoma]
basin	joen vesistö	[øen ʋesistø]
to flow into ...	laskea	[laskea]
tributary	sivujoki	[siʋuøki]

bank (of river)	**ranta**	[rɑntɑ]
current, stream	**virta**	[ʋirtɑ]
downstream (adv)	**myötävirtaan**	[myøtæʋirtɑːn]
upstream (adv)	**ylävirtaan**	[yʎæʋirtɑːn]

inundation	**tulva**	[tulʋɑ]
flooding	**kevättulva**	[keʋættulʋɑ]
to overflow (vi)	**tulvia**	[tulʋiɑ]
to flood (vt)	**tulvia**	[tulʋiɑ]

shallows (shoal)	**matalikko**	[mɑtɑlikko]
rapids	**koski**	[koski]

dam	**pato**	[pɑto]
canal	**kanava**	[kɑnɑʋɑ]
artificial lake	**vedensäiliö**	[ʋedensæjliø]
sluice, lock	**sulku**	[sulku]

water body (pond, etc.)	**vesistö**	[ʋesistø]
swamp, bog	**suo**	[suo]
marsh	**hete**	[hete]
whirlpool	**pyörre**	[pyørre]

stream (brook)	**puro**	[puro]
drinking (ab. water)	**juoma-**	[yomɑ]
fresh (~ water)	**makea**	[mɑkeɑ]

ice	**jää**	[jæː]
to freeze (ab. river, etc.)	**jäätyä**	[jæːtyæ]

82. Rivers' names

Seine	**Seine**	[sejne]
Loire	**Loire**	[lojre]

Thames	**Thames**	[thɑmes]
Rhine	**Rein**	[rejn]
Danube	**Tonava**	[tonɑʋɑ]

Volga	**Volga**	[ʋolgɑ]
Don	**Don**	[don]
Lena	**Lena**	[lenɑ]

Yellow River	**Keltainenjoki**	[keltɑjnenøki]
Yangtze	**Jangtse**	[jɑŋdse]
Mekong	**Mekong**	[mekoŋ]
Ganges	**Ganges**	[gɑŋes]

Nile River	**Niili**	[niːili]
Congo	**Kongo**	[koŋo]

Okavango	Okavango	[okavaŋo]
Zambezi	Sambesi	[sambesi]
Limpopo	Limpopojoki	[limpopoøki]
Mississippi River	Mississippi	[mississippi]

83. Forest

| forest | metsä | [metsæ] |
| forest (as adj) | metsä- | [metsæ] |

thick forest	tiheikkö	[tihejkkø]
grove	lehto	[lehto]
forest clearing	aho	[aho]

| thicket | tiheikkö | [tihejkkø] |
| scrubland | pensaikko | [pensajkko] |

| footpath (troddenpath) | polku | [polku] |
| gully | rotko | [rotko] |

tree	puu	[puː]
leaf	lehti	[lehti]
leaves	lehdistö	[lehdistø]

fall of leaves	lehdenlähtö	[lehdenʎæhtø]
to fall (ab. leaves)	karista	[karista]
top (of the tree)	latva	[latva]

branch	oksa	[oksa]
bough	oksa	[oksa]
bud (on shrub, tree)	silmu	[silmu]
needle (of pine tree)	neulanen	[neulanen]
pine cone	käpy	[kæpy]

hollow (in a tree)	ontelo	[ontelo]
nest	pesä	[pesæ]
burrow (animal hole)	kolo	[kolo]

trunk	runko	[ruŋko]
root	juuri	[juːri]
bark	kuori	[kuori]
moss	sammal	[sammal]

to uproot (vt)	juuria	[juːria]
to chop down	hakata	[hakata]
to deforest (vt)	hakata	[hakata]
tree stump	kanto	[kanto]

| campfire | nuotio | [nuotio] |
| forest fire | palo | [palo] |

to extinguish (vt)	sammuttaa	[sɑmmuttɑ:]
forest ranger	metsänvartija	[meʦænʋɑrtijɑ]
protection	suojelu	[suojelu]
to protect (~ nature)	suojella	[suojellɑ]
poacher	salametsästäjä	[sɑlɑmeʦæstæjæ]
trap (e.g., bear ~)	raudat	[rɑudɑt]

to pick (mushrooms)	sienestää	[sienestæ:]
to pick (berries)	marjastaa	[mɑrʰjɑstɑ:]
to lose one's way	eksyä	[eksyæ]

84. Natural resources

natural resources	luonnonvarat	[luoŋonʋɑrɑt]
minerals	mineraalit	[minerɑ:lit]
deposits	esiintymä	[esi:intymæ]
field (e.g., oilfield)	esiintymä	[esi:intymæ]

to mine (extract)	louhia	[louhiɑ]
mining (extraction)	kaivostoiminta	[kɑjʋostojmintɑ]
ore	malmi	[mɑlmi]
mine (e.g., for coal)	kaivos	[kɑjʋos]
mine shaft, pit	kaivos	[kɑjʋos]
miner	kaivosmies	[kɑjʋosmies]

gas	kaasu	[kɑ:su]
gas pipeline	kaasujohto	[kɑ:suøhto]

oil (petroleum)	öljy	[ølʰy]
oil pipeline	öljyjohto	[ølʰy øhto]
oil well	öljynporausreikä	[ølʰyn porɑus rejkæ]
derrick	öljynporaustorni	[ølʰyn porɑus torni]
tanker	tankkilaiva	[tɑŋkki lɑjʋɑ]

sand	hiekka	[hiekkɑ]
limestone	kalkkikivi	[kɑlkkikiʋi]
gravel	sora	[sorɑ]
peat	turve	[turʋe]
clay	savi	[sɑʋi]
coal	hiili	[hi:ili]

iron	rauta	[rɑutɑ]
gold	kulta	[kultɑ]
silver	hopea	[hopeɑ]
nickel	nikkeli	[nikkeli]
copper	kupari	[kupɑri]

zinc	sinkki	[siŋkki]
manganese	mangaani	[mɑŋɑ:ni]
mercury	elohopea	[elo hopeɑ]

lead	lyijy	[lyiy]
mineral	mineraali	[minerɑ:li]
crystal	kristalli	[kristɑlli]
marble	marmori	[mɑrmori]
uranium	uraani	[urɑ:ni]

85. Weather

weather	sää	[sæ:]
weather forecast	sääennuste	[sæ:eŋuste]
temperature	lämpötila	[ʎæmpøtilɑ]
thermometer	lämpömittari	[ʎæmpømittɑri]
barometer	ilmapuntari	[ilmɑpuntɑri]

humidity	kosteus	[kosteus]
heat (extreme ~)	helle	[helle]
hot (torrid)	kuuma	[ku:mɑ]
it's hot	on kuumaa	[on ku:mɑ:]

it's warm	on lämmintä	[on ʎæmmintæ]
warm (moderately hot)	lämmin	[ʎæmmin]

it's cold	on kylmää	[on kylmæ:]
cold (adj)	kylmä	[kylmæ]
sun	aurinko	[auriŋko]
to shine (vi)	paistaa	[pɑjstɑ:]
sunny (day)	aurinkoinen	[auriŋkojnen]
to come up (vi)	nousta	[noustɑ]
to set (vi)	laskea	[lɑskeɑ]

cloud	pilvi	[pilʋi]
cloudy (adj)	pilvinen	[pilʋinen]
rain cloud	pilvi	[pilʋi]
somber (gloomy)	pilvinen	[pilʋinen]

rain	sade	[sɑde]
it's raining	sataa vettä	[sɑtɑ: ʋettæ]
rainy (day)	sateinen	[sɑtejnen]
to drizzle (vi)	vihmoa	[ʋihmoɑ]

pouring rain	kaatosade	[kɑ:tosɑde]
downpour	rankka sade	[rɑŋkkasɑde]
heavy (e.g., ~ rain)	rankka	[rɑŋkkɑ]
puddle	lätäkkö	[ʎætækkø]
to get wet (in rain)	kastua	[kɑstuɑ]

fog (mist)	sumu	[sumu]
foggy	sumuinen	[sumujnen]
snow	lumi	[lumi]
it's snowing	sataa lunta	[sɑtɑ: luntɑ]

86. Severe weather. Natural disasters

thunderstorm	**ukkonen**	[ukkonen]
lightning (~ strike)	**salama**	[salama]
to flash (vi)	**kimaltaa**	[kimalta:]
thunder	**ukkonen**	[ukkonen]
to thunder (vi)	**jyristä**	[yristæ]
it's thundering	**ukkonen jyrisee**	[ukkonen yrise:]
hail	**raesade**	[raesade]
it's hailing	**sataa rakeita**	[sata: rakejta]
to flood (vt)	**upottaa**	[upotta:]
flood, inundation	**tulva**	[tulʋa]
earthquake	**maanjäristys**	[ma:njaristys]
tremor, quake	**maantärähdys**	[ma:ntæræhdys]
epicenter	**keskus**	[keskus]
eruption	**purkaus**	[purkaus]
lava	**laava**	[la:ʋa]
twister	**pyörre**	[pyørre]
tornado	**tornado**	[tornado]
typhoon	**pyörremyrsky**	[pyørremyrsky]
hurricane	**hirmumyrsky**	[hirmumyrsky]
storm	**myrsky**	[myrsky]
tsunami	**tsunami**	[ʦunami]
cyclone	**sykloni**	[sykloni]
bad weather	**koiran ilma**	[kojran ilma]
fire (accident)	**palo**	[palo]
disaster	**katastrofi**	[katastrofi]
meteorite	**meteoriitti**	[meteori:itti]
avalanche	**lumivyöry**	[lumiʋyøry]
snowslide	**lumivyöry**	[lumiʋyøry]
blizzard	**pyry**	[pyry]
snowstorm	**pyry**	[pyry]

FAUNA

87. Mammals. Predators

predator	peto	[peto]
tiger	tiikeri	[tiːikeri]
lion	leijona	[leiøna]
wolf	susi	[susi]
fox	kettu	[kettu]
jaguar	jaguaari	[jɑguɑːri]
leopard	leopardi	[leopɑrdi]
cheetah	gepardi	[gepɑrdi]
black panther	pantteri	[pɑntteri]
puma	puuma	[puːmɑ]
snow leopard	lumileopardi	[lumi leopɑrdi]
lynx	ilves	[ilʋes]
coyote	kojootti	[koøːtti]
jackal	sakaali	[sɑkɑːli]
hyena	hyeena	[hyeːnɑ]

88. Wild animals

animal	eläin	[eʌæjn]
beast (animal)	eläin	[eʌæjn]
squirrel	orava	[orɑʋɑ]
hedgehog	siili	[siːili]
hare	jänis	[jænis]
rabbit	kaniini	[kɑniːini]
badger	mäyrä	[mæuræ]
raccoon	pesukarhu	[pesukɑrhu]
hamster	hamsteri	[hɑmsteri]
marmot	murmeli	[murmeli]
mole	maamyyrä	[mɑːmyːræ]
mouse	hiiri	[hiːiri]
rat	rotta	[rottɑ]
bat	lepakko	[lepɑkko]
ermine	kärppä	[kærppæ]
sable	soopeli	[soːpeli]

marten	näätä	[næː tæ]
weasel	lumikko	[lumikko]
mink	minkki	[miŋkki]

| beaver | majava | [mɑjɑʋɑ] |
| otter | saukko | [sɑukko] |

horse	hevonen	[heʋonen]
moose	hirvi	[hirʋi]
deer	poro	[poro]
camel	kameli	[kɑmeli]

bison	biisoni	[biːisoni]
aurochs	visentti	[ʋisentti]
buffalo	puhveli	[puhʋeli]

zebra	seepra	[seːprɑ]
antelope	antilooppi	[ɑntiloːppi]
roe deer	metsäkauris	[metsæ kɑuris]
fallow deer	kuusipeura	[kuːsi peurɑ]
chamois	gemssi	[gemssi]
wild boar	villisika	[ʋilli sikɑ]

whale	valas	[ʋɑlɑs]
seal	hylje	[hylʰje]
walrus	mursu	[mursu]
fur seal	merikarhu	[merikɑrhu]
dolphin	delfiini	[delfiːini]

bear	karhu	[kɑrhu]
polar bear	jääkarhu	[jæːkɑrhu]
panda	panda	[pɑndɑ]

monkey	apina	[ɑpinɑ]
chimpanzee	simpanssi	[simpɑnssi]
orangutan	oranki	[orɑŋki]
gorilla	gorilla	[gorillɑ]
macaque	makaki	[mɑkɑki]
gibbon	gibboni	[gibboni]

elephant	norsu	[norsu]
rhinoceros	sarvikuono	[sɑrʋikuono]
giraffe	kirahvi	[kirɑhʋi]
hippopotamus	virtahepo	[ʋirtɑ hepo]

| kangaroo | kenguru | [keŋuru] |
| koala (bear) | pussikarhu | [pussikɑrhu] |

mongoose	faaraorotta	[fɑːrɑorottɑ]
chinchilla	sinsilla	[sinsillɑ]
skunk	haisunäätä	[hɑjsunæː tæ]
porcupine	piikkisika	[piːikkisikɑ]

89. Domestic animals

cat	kissa	[kissa]
tomcat	kollikissa	[kollikissa]
dog	koira	[kojra]

horse	hevonen	[heʋonen]
stallion	ori	[ori]
mare	tamma	[tamma]

cow	lehmä	[lehmæ]
bull	sonni	[soɲi]
ox	härkä	[hærkæ]

sheep	lammas	[lammɑs]
ram	pässi	[pæssi]
goat	vuohi	[ʋuohi]
billy goat, he-goat	pukki	[pukki]

donkey	aasi	[ɑːsi]
mule	muuli	[muːli]

pig	sika	[sikɑ]
piglet	porsas	[porsɑs]
rabbit	kaniini	[kɑniːini]

hen (chicken)	kana	[kɑnɑ]
rooster	kukko	[kukko]

duck	ankka	[ɑŋkkɑ]
drake	urosankka	[urosɑŋkkɑ]
goose	hanhi	[hɑnhi]

tom turkey	uroskalkkuna	[uroskɑlkkunɑ]
turkey (hen)	naaraskalkkuna	[nɑːrɑskɑlkkunɑ]

domestic animals	kotieläimet	[kotieʎæjmet]
tame (e.g., ~ hamster)	kesy	[kesy]
to tame (vt)	kesyttää	[kesyttæː]
to breed (vt)	kasvattaa	[kasʋɑttɑː]

farm	farmi	[fɑrmi]
poultry	siipikarja	[siːipikɑrʰjɑ]
cattle	karja	[kɑrʰjɑ]
herd (cattle)	lauma	[lɑumɑ]

stable	hevostalli	[heʋostɑlli]
pigsty	sikala	[sikɑlɑ]
cowshed	navetta	[nɑʋettɑ]
rabbit hutch	kanikoppi	[kɑnikoppi]
hen house	kanala	[kɑnɑlɑ]

90. Birds

bird	lintu	[lintu]
pigeon	kyyhky	[ky:hky]
sparrow	varpunen	[ʊɑrpunen]
tit	tiainen	[tiɑjnen]
magpie	harakka	[hɑrɑkkɑ]

raven	korppi	[korppi]
crow	varis	[ʊɑris]
jackdaw	naakka	[nɑ:kkɑ]
rook	mustavaris	[mustɑ ʊɑris]

duck	ankka	[ɑŋkkɑ]
goose	hanhi	[hɑnhi]
pheasant	fasaani	[fɑsɑ:ni]

eagle	kotka	[kotkɑ]
hawk	haukka	[hɑukkɑ]
falcon	haukka	[hɑukkɑ]
vulture	korppikotka	[korppikotkɑ]
condor (Andean ~)	kondori	[kondori]

swan	joutsen	[øuʦen]
crane	kurki	[kurki]
stork	haikara	[hɑjkɑrɑ]

parrot	papukaija	[pɑpukɑijɑ]
hummingbird	kolibri	[kolibri]
peacock	riikinkukko	[ri:ikiŋkukko]

ostrich	strutsi	[struʦi]
heron	haikara	[hɑjkɑrɑ]
flamingo	flamingo	[flɑmiɲo]
pelican	pelikaani	[pelikɑ:ni]

nightingale	satakieli	[sɑtɑkieli]
swallow	pääskynen	[pæ:skynen]

thrush	rastas	[rɑstɑs]
song thrush	laulurastas	[lɑulurɑstɑs]
blackbird	mustarastas	[mustɑrɑstɑs]

swift	tervapääsky	[terʊɑpæ:sky]
lark	leivonen	[lejʊonen]
quail	viiriäinen	[ʊi:iriæjnen]

woodpecker	tikka	[tikkɑ]
cuckoo	käki	[kæki]
owl	pöllö	[pøllø]
eagle owl	huuhkaja	[hu:hkɑjɑ]

wood grouse	metso	[metso]
black grouse	teeri	[te:ri]
partridge	riekko	[riekko]

starling	kottarainen	[kottarajnen]
canary	kanarianlintu	[kanarianlintu]
hazel grouse	pyy	[py:]
chaffinch	peipponen	[pejpponen]
bullfinch	punatulkku	[punatulkku]

seagull	lokki	[lokki]
albatross	albatrossi	[albatrossi]
penguin	pingviini	[piŋʋi:ini]

91. Fish. Marine animals

bream	lahna	[lahna]
carp	karppi	[karppi]
perch	ahven	[ahʋen]
catfish	monni	[moŋi]
pike	hauki	[hauki]

| salmon | lohi | [lohi] |
| sturgeon | sampi | [sampi] |

herring	silli	[silli]
Atlantic salmon	merilohi	[merilohi]
mackerel	makrilli	[makrilli]
flatfish	kampela	[kampela]

zander, pike perch	kuha	[kuha]
cod	turska	[turska]
tuna	tonnikala	[toŋikala]
trout	lohi	[lohi]

eel	ankerias	[aŋkerias]
electric ray	sähkörausku	[sæhkørausku]
moray eel	mureena	[mure:na]
piranha	punapiraija	[puna piraija]

shark	hai	[haj]
dolphin	delfiini	[delfi:ini]
whale	valas	[ʋalas]

crab	taskurapu	[taskurapu]
jellyfish	meduusa	[medu:sa]
octopus	meritursas	[meritursas]

| starfish | meritähti | [meritæhti] |
| sea urchin | merisiili | [merisi:ili] |

seahorse	merihevonen	[meriheʋonen]
oyster	osteri	[osteri]
shrimp	katkarapu	[katkarɑpu]
lobster	hummeri	[hummeri]
spiny lobster	langusti	[lɑŋusti]

92. Amphibians. Reptiles

| snake | käärme | [kæːrme] |
| venomous (snake) | myrkyllinen | [myrkyllinen] |

viper	kyy	[kyː]
cobra	silmälasikäärme	[silmælɑsi kæːrme]
python	python	[python]
boa	jättiläiskäärme	[jættiʎæjs kæːrme]

grass snake	turhakäärme	[turhɑ kæːrme]
rattle snake	kalkkarokäärme	[kɑlkkɑro kæːrme]
anaconda	anakonda	[ɑnɑkondɑ]

lizard	sisilisko	[sisilisko]
iguana	iguaani	[iguɑːni]
monitor lizard	varaani	[ʋɑrɑːni]
salamander	salamanteri	[sɑlɑmɑnteri]
chameleon	kameleontti	[kɑmeleontti]
scorpion	skorpioni	[skorpioni]

turtle	kilpikonna	[kilpikoŋɑ]
frog	sammakko	[sɑmmɑkko]
toad	konna	[koŋɑ]
crocodile	krokotiili	[krokotiːili]

93. Insects

insect, bug	hyönteinen	[hyøntejnen]
butterfly	perhonen	[perhonen]
ant	muurahainen	[muːrɑhɑjnen]
fly	kärpänen	[kærpænen]
mosquito	hyttynen	[hyttynen]
beetle	kovakuoriainen	[koʋɑkuoriɑjnen]

wasp	ampiainen	[ɑmpiɑjnen]
bee	mehiläinen	[mehiʎæjnen]
bumblebee	kimalainen	[kimɑlɑjnen]
gadfly	kiiliäinen	[kiːiliæjnen]

| spider | hämähäkki | [hæmæɦækki] |
| spider's web | hämähäkinseitti | [hæmæɦækinsejtti] |

dragonfly	sudenkorento	[sudeŋkorento]
grasshopper	hepokatti	[hepokatti]
moth (night butterfly)	perho	[perho]

cockroach	torakka	[torakka]
tick	punkki	[puŋkki]
flea	kirppu	[kirppu]
midge	mäkärä	[mækæræ]

locust	kulkusirkka	[kulkusirkka]
snail	etana	[etɑnɑ]
cricket	sirkka	[sirkkɑ]
lightning bug	kiiltomato	[kiːiltomɑto]
ladybug	leppäkerttu	[leppækerttu]
cockchafer	turilas	[turilɑs]

leech	juotikas	[juotikɑs]
caterpillar	toukka	[toukkɑ]
earthworm	mato	[mɑto]
larva	toukka	[toukkɑ]

FLORA

94. Trees

tree	puu	[pu:]
deciduous (adj)	lehti-	[lehti]
coniferous (adj)	havu-	[hɑvu]
evergreen (adj)	ikivihreä	[ikivihreɑ]
apple tree	omenapuu	[omenɑpu:]
pear tree	päärynäpuu	[pæ:ryŋæpu:]
sweet cherry tree	linnunkirsikkapuu	[liŋun kirsikkɑpu:]
sour cherry tree	hapankirsikkapuu	[hɑpɑn kirsikkɑpu:]
plum tree	luumupuu	[lu:mupu:]
birch	koivu	[kojuu]
oak	tammi	[tɑmmi]
linden tree	lehmus	[lehmus]
aspen	haapa	[hɑ:pɑ]
maple	vaahtera	[uɑ:hterɑ]
spruce	kuusi	[ku:si]
pine	mänty	[mænty]
larch	lehtikuusi	[lehtiku:si]
fir tree	jalokuusi	[jɑloku:si]
cedar	setri	[setri]
poplar	poppeli	[poppeli]
rowan	pihlaja	[pihlɑjɑ]
willow	paju	[pɑju]
alder	leppä	[leppæ]
beech	pyökki	[pyøkki]
elm	jalava	[jɑlɑuɑ]
ash (tree)	saarni	[sɑ:rni]
chestnut	kastanja	[kɑstɑnʰjɑ]
magnolia	magnolia	[mɑgnoliɑ]
palm tree	palmu	[pɑlmu]
cypress	sypressi	[sypressi]
mangrove	mangrovepuu	[mɑŋrovepu:]
baobab	apinanleipäpuu	[ɑpinɑn lejpæpu:]
eucalyptus	eukalyptus	[eukɑlyptus]
sequoia	punapuu	[punɑpu:]

95. Shrubs

bush	pensas	[pensas]
shrub	pensaikko	[pensajkko]
grapevine	viinirypäleet	[ʋi:inirypæle:t]
vineyard	viinitarha	[ʋi:initarha]
raspberry bush	vadelma	[ʋadelma]
redcurrant bush	punaherukka	[punaherukka]
gooseberry bush	karviaismarja	[karʋiajsmarʰja]
acacia	akasia	[akasia]
barberry	happomarja	[happomarʰja]
jasmine	jasmiini	[jasmi:ini]
juniper	kataja	[kataja]
rosebush	ruusupensas	[ru:supensas]
dog rose	villiruusu	[ʋilliru:su]

96. Fruits. Berries

fruit	hedelmä	[hedelmæ]
fruits	hedelmät	[hedelmæt]
apple	omena	[omena]
pear	päärynä	[pæ:ryɲæ]
plum	luumu	[lu:mu]
strawberry	mansikka	[mansikka]
sour cherry	hapankirsikka	[hapan kirsikka]
sweet cherry	linnunkirsikka	[liɲun kirsikka]
grape	viinirypäleet	[ʋi:inirypæle:t]
raspberry	vadelma	[ʋadelma]
blackcurrant	mustaherukka	[mustaherukka]
redcurrant	punaiset viinimarjat	[punajset ʋi:inimarʰjat]
gooseberry	karviaiset	[karʋiajset]
cranberry	karpalo	[karpalo]
orange	appelsiini	[appelsi:ini]
mandarin	mandariini	[mandari:ini]
pineapple	ananas	[ananas]
banana	banaani	[banɑ:ni]
date	taateli	[tɑ:teli]
lemon	sitruuna	[situ:na]
apricot	aprikoosi	[apriko:si]
peach	persikka	[persikka]
kiwi	kiivi	[ki:iʋi]

grapefruit	greippi	[grejppi]
berry	marja	[marʰja]
berries	marjat	[marʰjat]
cowberry	puolukka	[puolukka]
field strawberry	mansikka	[mansikka]
bilberry	mustikka	[mustikka]

97. Flowers. Plants

| flower | kukka | [kukka] |
| bouquet (of flowers) | kukkakimppu | [kukkakimppu] |

rose (flower)	ruusu	[ru:su]
tulip	tulppani	[tulppani]
carnation	neilikka	[nejlikka]
gladiolus	miekkalilja	[miekkalilija]

cornflower	kaunokki	[kaunokki]
bluebell	kellokukka	[kelloikukka]
dandelion	voikukka	[uojkukka]
camomile	päivänkakkara	[pæejuæn kakkara]

aloe	aaloe	[a:loe]
cactus	kaktus	[kaktus]
rubber plant, ficus	fiikus	[fi:ikus]

lily	lilja	[lilʰja]
geranium	kurjenpolvi	[kurʰjenpolui]
hyacinth	hyasintti	[hyasintti]

mimosa	mimoosa	[mimo:sa]
narcissus	narsissi	[narsissi]
nasturtium	krassi	[krassi]

orchid	orkidea	[orkidea]
peony	pioni	[pioni]
violet	orvokki	[oruokki]

pansy	keto-orvokki	[keto oruokki]
forget-me-not	lemmikki	[lemmikki]
daisy	kaunokainen	[kaunokajnen]

poppy	unikko	[unikko]
hemp	hamppu	[hamppu]
mint	minttu	[minttu]

lily of the valley	kielo	[kielo]
snowdrop	lumikello	[lumikello]
nettle	nokkonen	[nokkonen]
sorrel	hierakka	[hierakka]

water lily	lumme	[lumme]
fern	saniainen	[sɑniɑjnen]
lichen	jäkälä	[jækæʎæ]

tropical greenhouse	ansari	[ɑnsɑri]
grass lawn	nurmikko	[nurmikko]
flowerbed	kukkapenkki	[kukkɑ peŋkki]

plant	kasvi	[kɑsʋi]
grass, herb	ruoho	[ruoho]
blade of grass	heinänkorsi	[hejnæŋkorsi]

leaf	lehti	[lehti]
petal	terälehti	[teræ lehti]
stem	varsi	[ʋɑrsi]
tuber	mukula	[mukulɑ]

| young plant (shoot) | itu | [itu] |
| thorn | piikki | [piːikki] |

to blossom (vi)	kukkia	[kukkiɑ]
to fade, to wither	kuihtua	[kujhtuɑ]
smell (odor)	tuoksu	[tuoksu]
to cut (flowers)	leikata	[lejkɑtɑ]
to pick (a flower)	repiä	[repiæ]

98. Cereals, grains

grain	vilja	[ʋilʰjɑ]
cereal crops	viljat	[ʋilʰjɑt]
ear (of barley, etc.)	tähkä	[tæhkæ]

wheat	vehnä	[ʋehɲæ]
rye	ruis	[rujs]
oats	kaura	[kɑurɑ]
millet	hirssi	[hirssi]
barley	ohra	[ohrɑ]

corn	maissi	[mɑjssi]
rice	riisi	[riːisi]
buckwheat	tattari	[tɑttɑri]

pea plant	herne	[herne]
kidney bean	pavut	[pɑʋut]
soy	soijapapu	[soijɑpɑpu]
lentil	kylvövirvilä	[kylʋøʋirʋiʎæ]
beans (pulse crops)	pavut	[pɑʋut]

COUNTRIES OF THE WORLD

99. Countries. Part 1

Afghanistan	**Afganistan**	[afganistan]
Albania	**Albania**	[albania]
Argentina	**Argentiina**	[argenti:ina]
Armenia	**Armenia**	[armeniæ]
Australia	**Australia**	[australia]
Austria	**Itävalta**	[itæʋalta]
Azerbaijan	**Azerbaidžan**	[azerbajdʒan]
The Bahamas	**Bahama**	[bahama]
Bangladesh	**Bangladesh**	[baŋladeʃ]
Belarus	**Valko-Venäjä**	[ʋalko ʋeŋæjæ]
Belgium	**Belgia**	[belgia]
Bolivia	**Bolivia**	[boliʋia]
Bosnia-Herzegovina	**Bosnia ja Hertsegovina**	[bosnia ja hertsegoʋina]
Brazil	**Brasilia**	[brasilia]
Bulgaria	**Bulgaria**	[bulgaria]
Cambodia	**Kambodža**	[kambodʒa]
Canada	**Kanada**	[kanada]
Chile	**Chile**	[tʃile]
China	**Kiina**	[ki:ina]
Colombia	**Kolumbia**	[kolumbia]
Croatia	**Kroatia**	[kroatia]
Cuba	**Kuuba**	[ku:ba]
Cyprus	**Kypros**	[kypros]
Czech Republic	**Tšekki**	[tʃekki]
Denmark	**Tanska**	[tanska]
Dominican Republic	**Dominikaaninen tasavalta**	[dominika:ninen tasaʋalta]
Ecuador	**Ecuador**	[ekuador]
Egypt	**Egypti**	[egypti]
England	**Englanti**	[eŋlanti]
Estonia	**Viro**	[ʋiro]
Finland	**Suomi**	[suomi]
France	**Ranska**	[ranska]
French Polynesia	**Ranskan Polynesia**	[ranskan polynesia]
Georgia	**Gruusia**	[gru:sia]
Germany	**Saksa**	[saksa]
Ghana	**Ghana**	[gana]
Great Britain	**Iso-Britannia**	[isobritaŋia]

Greece	**Kreikka**	[krejkkɑ]
Haiti	**Haiti**	[hɑiti]
Hungary	**Unkari**	[uŋkɑri]

100. Countries. Part 2

Iceland	**Islanti**	[islɑnti]
India	**Intia**	[intiɑ]
Indonesia	**Indonesia**	[indonesiɑ]
Iran	**Iran**	[irɑn]
Iraq	**Irak**	[irɑk]
Ireland	**Irlanti**	[irlɑnti]
Israel	**Israel**	[isrɑel]
Italy	**Italia**	[itɑliɑ]

Jamaica	**Jamaika**	[jɑmɑjkɑ]
Japan	**Japani**	[jɑpɑni]
Jordan	**Jordania**	[ørdɑniɑ]
Kazakhstan	**Kazakstan**	[kɑzɑkstɑn]
Kenya	**Kenia**	[keniɑ]
Kirghizia	**Kirgisia**	[kirgisiɑ]
Kuwait	**Kuwait**	[kuʋɑjt]

Laos	**Laos**	[lɑos]
Latvia	**Latvia**	[lɑtʋiɑ]
Lebanon	**Libanon**	[libɑnon]
Libya	**Libya**	[libyɑ]
Liechtenstein	**Liechtenstein**	[lihtenʃtɑjn]
Lithuania	**Liettua**	[liettuɑ]
Luxembourg	**Luxemburg**	[lyksemburg]

Macedonia	**Makedonia**	[mɑkedoniɑ]
Madagascar	**Madagaskar**	[mɑdɑgɑskɑr]
Malaysia	**Malesia**	[mɑlesiɑ]
Malta	**Malta**	[mɑltɑ]
Mexico	**Meksiko**	[meksiko]
Moldavia	**Moldova**	[moldoʋɑ]

Monaco	**Monaco**	[monɑko]
Mongolia	**Mongolia**	[moŋoliɑ]
Montenegro	**Montenegro**	[monte negro]
Morocco	**Marokko**	[mɑrokko]
Myanmar	**Myanmar**	[myɑnmɑr]

Namibia	**Namibia**	[nɑmibiæ]
Nepal	**Nepal**	[nepɑl]
Netherlands	**Alankomaat**	[ɑlɑŋkomɑ:t]
New Zealand	**Uusi-Seelanti**	[u:si se:lɑnti]
North Korea	**Pohjois-Korea**	[pohʰøjs koreɑ]
Norway	**Norja**	[norʰjɑ]

101. Countries. Part 3

Pakistan	Pakistan	[pakistan]
Palestine	Palestiinalaishallinto	[palesti:inalajs hallinto]
Panama	Panama	[panama]
Paraguay	Paraguay	[paraguaj]
Peru	Peru	[peru]
Poland	Puola	[puola]
Portugal	Portugali	[portugali]
Romania	Romania	[romania]
Russia	Venäjä	[ʋeɲæjæ]
Saudi Arabia	Saudi-Arabia	[saudi arabia]
Scotland	Skotlanti	[skotlanti]
Senegal	Senegal	[senegal]
Serbia	Serbia	[serbia]
Slovakia	Slovakia	[sloʋakia]
Slovenia	Slovenia	[sloʋenia]
South Africa	Etelä-Afrikka	[eteʎæ afrikka]
South Korea	Etelä-Korea	[eteʎæ korea]
Spain	Espanja	[espanʰja]
Suriname	Suriname	[suriname]
Sweden	Ruotsi	[ruotsi]
Switzerland	Sveitsi	[sʋejtsi]
Syria	Syyria	[sy:ria]
Taiwan	Taiwan	[tajʋan]
Tajikistan	Tadžikistan	[tadʒikistan]
Tanzania	Tansania	[tansania]
Tasmania	Tasmania	[tasmania]
Thailand	Thaimaa	[thajma:]
Tunisia	Tunisia	[tunisia]
Turkey	Turkki	[turkki]
Turkmenistan	Turkmenistan	[turkmenistan]
Ukraine	Ukraina	[ukraina]
United Arab Emirates	Arabiemiirikuntien liitto	[arabi emi:iri kuntien li:itto]
United States of America	Yhdysvallat	[yhdys ʋallat]
Uruguay	Uruguay	[uruguaj]
Uzbekistan	Uzbekistan	[uzbekistan]
Vatican	Vatikaanivaltio	[ʋatika:ni ʋaltio]
Venezuela	Venezuela	[ʋenezuela]
Vietnam	Vietnam	[ʋjetnam]
Zanzibar	Sansibar	[sansibar]

Printed in Great Britain
by Amazon